Otto Schwerdt
Mascha Schwerdt-Schneller

Als Gott und die Welt schliefen

Vorwort:
Eberhard Dünninger

edition lichtung

1. Auflage 1998, 21. Auflage 2003
© lichtung verlag GmbH
94234 Viechtach Postackerweg 10
http://www.lichtung-verlag.de
Alle Rechte vorbehalten.
Umschlag: Zeichnung von Oleg Kuzenko
Satz und Gestaltung: Hubert Ettl
Herstellung: S-DRUCK Regensburg
ISBN 3-929517-27-2

*Gewidmet
meiner Mutter Eti,
meinem Vater Max,
meiner Schwester Meta,
meinem Bruder Sigi*

Vorwort

Als die Nationalsozialisten im August 1943 Otto Schwerdt mit seiner Familie nach Auschwitz deportierten, war ich gerade neun Jahre alt. In jener Zeit trugen in meiner Heimatstadt so manche unserer Nachbarn den gelben Stern. Als Kind nahm ich wahr, daß diese Menschen den Stern tragen mußten, meine Eltern und wir Kinder dagegen nicht. Die Räumung des jüdischen Altersheimes in unserer Nachbarschaft und der gewaltsame Abtransport alter Menschen gehören zu diesen frühen Eindrücken von Unrecht, die mir im Gedächtnis geblieben sind. Es waren jene Jahre, in denen das Leben für Juden in Deutschland immer schwerer wurde, auch für Otto Schwerdt und seine Familie in Braunschweig. Erst viel später kam zu meinen eigenen Kindheitseindrücken die Kenntnis der schrecklichen Verbrechen dieser Zeit hinzu.

Es gibt inzwischen viele Mahnmale für die Verfolgten und Ermordeten, Zeichen der Erinnerung an den Holocaust in aller Welt. Dies sind die Orte, von denen wir schweigsam, aber auch betroffen und verändert zurückkehren. Auch die Aufzeichnungen von Otto Schwerdt lassen uns verstummen. Sein Bericht ist ebenfalls ein Mahnzeichen, ein „Feld der Erinnerung", auf das er uns mit einer beeindruckenden seelischen Kraft führt. Wer die Maßlosigkeit der Tat, der Untaten, die von den Deutschen begangen wurden, auch nur erahnen will, ohne sie je begreifen zu können, muß immer wieder einen Weg zu solcher Einsicht, zu Gedenken und Sühne versuchen.

Wer von uns möchte ermessen, wie viel seelische Kraft es braucht, um als Opfer an die Orte des Grauens zurückzukehren, wie viel Mut und Tapferkeit, um als Opfer über das unermeßliche Leiden und das mörderische Handeln der Täter zu sprechen, zu schreiben. Auch Otto Schwerdt fällt dies nicht leicht, und doch hat er es getan. Bei Lesungen aus seinen Aufzeichnungen teilen sich seine eigene Bewegung und Erschütterung allen Zuhörern mit und prägen sich ebenso unvergeßlich ein wie sein Bericht über seine Leidenszeit.

Sein Buch wird dies in gleicher Weise tun. Auch im gedruckten Wort ist es mehr als ein erschütternder Leidensbericht. Es ist das Lebens- und Überlebenszeugnis eines Zeitgenossen, der die Tragödie des jüdischen Volkes und unseres Jahrhunderts auf schreckliche Weise erlitten hat. Es ist ein Buch von eindrucksvoller Darstellungskraft, von überzeugender Wirkung auf den Leser und von hohem Aussagewert als historische Quelle. Es ist ein Dokument nicht nur unsäglicher, unmenschlicher Grausamkeit. Das Buch zeigt, wie ein Mensch in diesen extremen Situationen, in denen keine Regeln menschlichen Zusammenlebens mehr gelten, einen Weg findet, sich zu behaupten. Menschen wie Otto Schwerdt helfen uns und künftigen Generationen mit dem Erzählen ihres Schicksals. Sie lassen uns mitfühlen, was diesen Menschen widerfahren ist.

Für immer – aere perennius – werden in den Seiten seines Buches Schrecken und Entsetzen gegenwärtig sein, aber auch menschliche Willensstärke und Tapferkeit. So sollte es uns auch auf eine bessere Zukunft einer humanen Gesellschaft hoffen lassen.

Eberhard Dünninger

Keine Erde wie anderswo

Seit drei Tagen sind wir in Polen. Wir, das sind meine Frau Gela, meine Tochter Mascha, ihr Ehemann Johannes und ich. Zuerst fahren wir nach Kattowitz. Vergeblich suchen wir das Haus in der Krakowskastraße 2, in das ich mit meiner Familie 1936 einzog. Das Haus wurde abgerissen. Ich suche weiter nach vertrauten Dingen. Doch ich kann kaum etwas wiedererkennen. Die breiten Straßenzüge, die die Kommunisten durch die ganze Stadt gezogen hatten, irritieren mich.

Nachdem ich mich entschlossen hatte, meine persönliche Geschichte während der Diktatur der Nazis bis zu meiner Befreiung im Jahre 1945 aufzuschreiben, überredete mich Mascha zu dieser Reise. Sie wollte sehen, wo das Erzählte geschah.

Von Kattowitz aus fahren wir nach Fünfteichen, nach Leitmeritz und Theresienstadt, und nach Auschwitz. Den ganzen Morgen ist mir nicht gut. Mir geht so viel im Kopf herum. Bilder von damals, Gesichter, Stimmen, alles durcheinander. Ich muß meine Gedanken ordnen.

Gela sagt, wir sollten doch jetzt frühstücken. Es wird sonst zu spät. Auch ihr ist heute nicht ganz wohl. Es wird ein schwerer Tag. Als wir in den Frühstückssaal des Hotels kommen, sitzen Mascha und Johannes schon am Tisch. Wir begrüßen uns. Bei jedem von uns ist die Angst vor dem heutigen Ziel zu spüren. Wir reden nur das Nötigste. Ich bringe keinen Bissen hinunter. Nur ein wenig Kaffee. Nach dem Frühstück zahlen wir an der Rezeption und fahren los. Nach etwa einer Stunde sind wir angekommen: Auschwitz-Birkenau.

Alles um mich herum wird langsam und schwer. Selbst die Geräusche scheinen nun länger anzudauern und dumpfer zu sein als sonst. In mir ist eine ungewöhnliche Spannung. Ich habe nichts zu befürchten, doch ich zittere. Beim Aussteigen höre ich nur die Autotür ins Schloß fallen, sonst nichts. Dann meine Schritte auf dem Kies. Als ich vor dem Tor stehe, höre ich gar nichts mehr.

Ich war 20 Jahre alt, als mich die Nationalsozialisten am 2. August 1943 nach Auschwitz-Birkenau brachten. Von meiner engsten Familie überlebten nur mein Vater und ich das „Reich der Herrenmenschen". Meine Mutter Eti, meine ältere Schwester Meta und mein

Bruder Sigi wurden hier in Auschwitz-Birkenau ermordet. Es gibt kein Grab. Es gibt keinen Stein. So würde es auf den Grabsteinen stehen, wenn es sie gäbe:

Eti Schwerdt, geb. Udelsmann,
geboren am 18. Dezember 1896 in Peczenizyn.
Tochter, Schwester, Ehefrau, Mutter.
Die Nazis vergasten sie in Auschwitz, irgendwann im Jahre 1943.

Meta Schwerdt,
geboren am 11. September 1920 in Braunschweig.
Tochter, Schwester. Sie war schön, klug und jung.
Die Nazis vergasten sie in Auschwitz, irgendwann im Jahre 1943.

Siegfried Samuel Schwerdt,
geboren am 31. Dezember 1923 in Braunschweig.
Sohn, Bruder. Er war jung und voller Ideen für sein Leben.
Die Nazis vergasten ihn in Auschwitz, irgendwann im Jahre 1943.

Wir gehen durch das Tor, entlang der Rampe. Wieder höre ich, wie sie die Waggontüren aufreißen, wieder höre ich das Brüllen der SS-Männer, wieder höre ich das Schreien und Weinen der Kinder. Die Erinnerungen schmerzen überall, meine Kehle schwillt an und läßt keine Luft mehr durch. Ich erschrecke, als Gela meine Hand nimmt und sie drückt. Auch Mascha berührt mich. Johannes weint. Ich spüre, wie nah sie mir sind. Endlich kann ich innerlich loslassen. Ich weine die Tränen, die ich so oft zurückgehalten habe, Tränen, die ich vor anderen nicht weinen konnte.

Nach meiner Befreiung wollte ich nie mehr hierher kommen, noch in ein anderes Lager, in dem ich Häftling war. Nicht einmal, um an den jährlichen Gedenkfeiern teilzunehmen. Ich hatte Angst vor meinen Gefühlen und Erinnerungen. Die Erinnerungen, die ich nicht mehr abschütteln kann, die mich nachts verfolgen, sollten mich gerade hier nicht einholen. Ich fürchtete, ich würde auseinanderbrechen.

Nun stehe ich hier und fühle es. Als dränge mein schmerzendes Innerstes gegen mein Fleisch und meine Haut, als wolle ein Teil von mir aus meinem Körper herausbrechen. Ich kann mich nicht dagegen wehren, lasse es schließlich zu. Und es ist gut so.

Es ist noch nicht lange her, seit ich bereit bin, die Erinnerung an meine Gefühle und Ängste während der Zeit in Auschwitz zuzulassen. Gleich nach meiner Befreiung glaubte ich, ich müsse all meine Kraft dazu benützen, die Nazis zur Rechenschaft zu ziehen und dabei zu helfen, möglichst viele von ihnen hinter Gitter zu bringen. War ich es nicht den Toten schuldig? Meiner Mutter, meiner Schwester, meinem Bruder, und den anderen, die ermordet wurden? Es war, und ist oft heute noch ein Schuldgefühl, das mich überfällt. Die Nazis folterten und töteten Menschen auf grausamste Art, und wir Häftlinge konnten nichts anderes tun als zusehen. Ich war Zeuge im Ghetto, im Zwangsarbeitslager, in Auschwitz und anderen Lagern und konnte nichts dagegen tun. Die Nazis zwangen uns hinzusehen und genossen unsere Hilflosigkeit. Jedes Aufbegehren gegen sie und ihr Tun war gefährlich, fast immer tödlich: Genickschuß, eingeschlagener Schädel, Gas.

Diese grausame Hilflosigkeit zermürbte mich damals tagein tagaus. Auch heute überkommt mich eine ungebändigte Wut, wenn ich an dieses Gefühl der Ohnmacht denke. Wäre es nicht besser gewesen, gegen die Mörder in jeder Situation und jeder Sekunde zu kämpfen – sogar mit ausgehungertem und geschundenem Körper? Auch wenn dies den eigenen Tod bedeutete – wäre es nicht besser gewesen? Wieso sind die anderen tot, während ich lebe? Hätte ich nicht für meinen Bruder gehen sollen? Habe ich mich während der Zeit im Konzentrationslager richtig verhalten? Richtig im Sinne von Moral und Menschlichkeit, richtig gegenüber anderen Opfern. Ständig quälte ich mich mit diesen Fragen. Vor allem eine Frage ließ mich nicht mehr los. Darf ich an die Zukunft denken, an ein normales Leben, einen Beruf, eine Familie, an Geborgenheit, wenn ich das Leiden meiner Mutter, meiner Schwester, meines Bruders und der anderen Ermordeten vor Augen habe?

Bald merkte ich, daß ich nur mit einem klaren „Ja" auf diese Frage weiterleben kann. Blieben meine Gedanken in der Vergangenheit, könnte ich keinen Schritt in ein zukünftiges Leben gehen. Ich wählte den einzig möglichen Weg für mich, die Verdrängung. Ich schob die Erinnerungen an meine Erlebnisse während dieser dunklen Zeit weit weg von meinem Innersten. Bevor es zu sehr schmerzte, machte ich Halt. Ich erzählte denen, die mich fragten, in welchem Konzentrationslager ich war und daß dort die grausamsten Dinge passierten. Über meine Gefühle, die ich damals empfand, über meine Gefühle, die ich empfinde, wenn ich mich daran erinnere, über meine Ungewißheit, wie mich das Erlebte verändert haben könnte – darüber sprach ich nicht. Nicht mit meinem Vater, nicht mit meiner Frau, nicht mit anderen Opfern.

Ich mußte in die Zukunft schauen und Pläne schmieden. Ich heiratete und bekam drei Kinder. Meine Tochter Eti, meinen Sohn Roni, und Mascha, die Jüngste. Als die Kinder größer wurden und sich mehr und mehr mit dem Holocaust und dem Schicksal unserer Familie beschäftigten, stellten sie Fragen über die Nazis und über die Konzentrationslager, in denen ich mit meinem Vater gefangen war. Ich erzählte ihnen einiges von damals. Doch immer noch nichts über mein Innerstes. Erst jetzt im Alter fange ich an, es zu können.

Es war ein warmer, sonniger Augusttag. Nach der Selektion an der Rampe brachten sie mich in den Block 14 des Quarantänelagers. Die Sonne stand am Himmel, doch die Strahlen schienen hier nicht anzukommen. Es war kalt und grau. Es existierten keine Farben. Kein Grün. Alles war anders hier. Menschen vegetierten und starben hier im Dunkeln, tagein tagaus. Vergessen von allen.

Auch heute ist hier keine Erde wie anderswo, keine Luft wie anderswo und kein Licht wie anderswo. Es ist nur noch beklemmende Stille. Jeder, der hier steht, wird es fühlen.

Hallel und Madame Butterfly

Am 3. Januar 1923 wurde ich in Braunschweig geboren. Mein Vater, meine Mutter, meine ältere Schwester Meta, mein jüngerer Bruder Sigi und ich führten das Leben einer ganz normalen, ziemlich assimilierten jüdischen Familie. Während mein Vater mit Textilien handelte, war meine Mutter für das häusliche Leben verantwortlich. Sie war religiöser als Vater und versuchte, den Haushalt, wo und wann immer es ging, nach den Gesetzen jüdischer Tradition zu führen. Sie hielt die Feiertage genau ein, sie kochte kosher, zündete jeden Freitag die Kerzen des Sabbatleuchters an und vieles mehr. Da mein Vater weniger religiös war, besuchten wir Kinder neben der deutschen Schule nur einmal in der Woche den jüdischen Religionsunterricht.

Meine Geschwister und ich verlebten unsere früheste Kindheit mit allen Höhen und Tiefen, Freuden und Sorgen, die ein Kinderleben mit sich bringt. Es kam vor, daß wir von nichtjüdischen Kindern oder Erwachsenen wegen unseres Glaubens angepöbelt wurden. Wir

Purim-Fest in Braunschweig 1929: (v. re.) Onkel Gustav Udelsmann, Großvater Samuel Udelsmann (sitzend), Onkel Eduard Udelsmann, Vater Max Schwerdt, davor sitzend Mutter Eti Schwerdt

taten dann so, als wäre uns solch antisemitisches Gerede egal. In Wirklichkeit berührte es uns tief. Zu den Höhen und Tiefen des gewöhnlichen Kinderlebens kam also noch unser „Jüdisch sein in Deutschland" hinzu.

Als 1930 der Braunschweiger Landtag neu gewählt wurde, veränderte sich die Situation der jüdischen Bürger schlagartig. Die Nationalsozialisten errangen erhebliche Stimmenzuwächse und gingen mit der Bürgerlichen Einheitspartei eine Koalition ein. Braunschweig wurde braun. Von nun an häuften sich die Aufmärsche und Kundgebungen der SA. Ausschreitungen gegen jüdische Bürger und der Boykott ihrer Geschäfte folgten.

Ein Abend in Braunschweig ist mir ganz besonders im Gedächtnis haften geblieben. Es war Samstag, der 17. Oktober 1931. Ich war damals 8 Jahre alt. Mein Bruder und ich spielten vor unserem Haus auf der Straße. Aufgeregt kam mein Vater zu uns und schickte uns nach oben. In unserer Wohnung zog er alle Vorhänge zu und verbot uns, Licht zu machen. Für diesen Abend war eine Demonstration der SA angekündigt, und er hielt es für besser, so zu tun, als wäre keiner von uns zuhause. Meine Eltern waren sehr angespannt und nervös.

Meine Geschwister und ich hingegen waren überhaupt nicht aufgeregt, denn wir verstanden nicht, was die Demonstration zu bedeuten hatte. Neugierig schlichen wir zum Küchenfenster, das zur Straße hinaus ging. Nach einer Weile wurde es unten immer unruhiger. Einige Menschen liefen schnell von einer Straßenseite zur anderen und verschwanden im nächsten Hausgang. Wir hörten abwechselnd einzelne Stimmen und Sprechchöre. Langsam wurden sie lauter. Dann sahen wir SA-Leute mit brennenden Fackeln die Straße entlang ziehen. Die vielen Menschen mit ihren leuchtenden Fackeln in der Dunkelheit waren für unsere Kinderaugen sehr eindrucksvoll - ja es begeisterte uns sogar. Dann sahen wir Hitler. Er fuhr in einem offenen Mercedes hinter einer Menschengruppe her.

Der Braunschweiger Allgemeine Anzeiger berichtete, daß am darauffolgenden Tag rund 104 000 SA-Leute auf dem Schloßplatz an Hitler vorbei marschierten. An diesem Wochenende kam es auch zu zahlreichen Zusammenstößen zwischen den Nationalsozialisten und politischen Gegnern. Die Zeitung berichtete von 60 Verletzten und zwei Toten.

Hitler wurde am 25. Februar 1932 zum braunschweigischen Regierungsrat ernannt. Damit erhielt er die deutsche Staatsangehörigkeit und konnte für die Reichspräsidentschaft kandidieren. Von nun an wurde die Situation für uns Juden immer schlechter. Die SA ging offener gegen uns vor. In Braunschweig übten die Nationalsozialisten, was sie bald in ganz Deutschland durchführen wollten. Nach der Machtergreifung im Januar 1933 erließen die Nazis fast wöchentlich eine neue Verordnung, die unser Leben mehr und mehr einschränkte. Eine Flutwelle von Verboten brach über uns herein. Viele Juden verließen Braunschweig. Auch meine Eltern gingen. Ich weiß nicht mehr genau, wann es war, als mein Vater sein Geschäft auflöste, wir unsere Wohnung verließen und zu Bekannten nach Berlin übersiedelten. Nur meine Schwester blieb in Braunschweig bei meinem Onkel Gustav, einem Bruder meiner Mutter. Ich weiß nicht, wie es möglich war, aber mein Onkel hatte gute Beziehungen zu Leuten, die Meta Unterlagen besorgten, damit sie weiter aufs Lyceum gehen konnte. Mein Bruder und ich verstanden den Aufbruch aus unserer Geburtsstadt nur schwer.

Am 15. September 1935 verabschiedete der Deutsche Reichstag die Nürnberger Gesetze. Die systematische Ausgrenzung der Juden in Deutschland hatte begonnen. Mit dem Reichsbürgergesetz machten uns die Nazis zu Bürgern zweiter Klasse, mit dem „Gesetz zum Schutze des deutschen Blutes und der deutschen Ehre" machten sie uns zu Menschen zweiter Klasse. Auf der Grundlage dieser Gesetze erließen sie diskriminierende Verordnungen und Berufsverbote. Wir konnten kein normales Leben mehr führen.

An unser Leben in Berlin kann ich mich nur bruchstückhaft erinnern. Wir blieben ja auch nur kurze Zeit. Höchstens ein Jahr vielleicht. Ich glaube, es war Anfang 1936, als sich meine Eltern entschlossen, Deutschland zu verlassen und nach Polen umzusiedeln. Da beide aus Polen stammten, war es für sie nicht schwer, eine Einreiseerlaubnis zu erhalten.

Mein Vater war in Pruchnik aufgewachsen, einer kleinen Stadt mit damals etwa 16 000 Einwohnern, in der Nähe von Jaroslaw, in Galizien. Nach dem Ende des ersten Weltkrieges ging er zusammen mit seinem Bruder Chaim nach Braunschweig. Dort erhofften sie sich ein besseres Leben. Meine Mutter wurde in Peczenizyn geboren, einem kleinen Ort in der Nähe von Kolomea. Sie zog 1919 nach Braunschweig. Kurz nach ihrer Ankunft in Deutschland lernten sich meine Eltern kennen und heirateten. 1921 wurde meine Schwester Meta geboren, im Januar 1923 ich, und am letzten Tag desselben Jahres mein Bruder Sigi.

Mein Vater hieß Moshe (später Max). Er wurde am 29. März 1898 als erster Sohn von Jakob-Ahron und seiner Frau Sara-Chana geboren. Nach ihm wurden sein Bruder Chaim und die Schwestern Race und Lea geboren. Mein Großvater Jakob-Ahron war sehr religiös, wie fast alle Juden zu dieser Zeit in einer polnischen Kleinstadt. Er trug den schwarzen Kaftan, einen langen Bart und natürlich Pejeß, die Schläfenlocken. Tagaus tagein war das Studium der Thora der Mittelpunkt seines Lebens. Obwohl er in Polen lebte, sprach er kein Polnisch, sondern nur Jiddisch. Meine Großmutter Sara-Chana war eine große, stämmige Frau. Wenn sie vor einem stand, mit beiden Beinen fest am Boden, meinte man, sie wäre in ihm verwurzelt. Nichts und niemand schien sie erschüttern zu können. Ein Grund dafür war sicherlich ihr tiefer Glaube und ihr Gottvertrauen. Sie alleine verdiente den Lebensunterhalt für die Familie. Sie übernahm alle möglichen Arbeiten, denn einen richtigen Beruf erlernten jüdische Frauen damals nicht.

Als mein Vater und sein Bruder Chaim Pruchnik verließen, um nach Deutschland auszuwandern, war meine Großmutter sehr besorgt um ihre Söhne. Nicht, daß sie ihnen nicht zugetraut hätte, in Braunschweig Fuß zu fassen. Sie sorgte sich um deren religiöses Leben. Ich erinnere mich gerne an die lustige Episode, als der Bruder meiner Großmutter nach Braunschweig kam, um nach dem Rechten zu sehen.

Max Schwerdt (Fotomitte, stehend), davor sitzend Eti Schwerdt mit Tochter Meta

Mit der Auswanderung aus dem Schtetl brach mein Vater in gewisser Weise auch aus dem orthodox-religiösen Leben aus. Er, der ehemalige Schüler der Belzer Jeschiwe (Talmudschule), schnitt sich die Pejeß ab und zog den Kaftan aus. Von nun an gehörte er nicht mehr zu den Orthodoxen, sondern zu den traditionsbewußten Juden. Er führte das Leben eines modernen jungen Mannes in Deutschland. Meine Großmutter beunruhigte dies. Als ihr Bruder sich entschloß, seine Neffen in Braunschweig zu besuchen, bat sie ihn um einen

Purim-Fest 1930: (v.li.) Otto Schwerdt, eine Cousine, Bruder Sigi (sitzend), Schwester Meta, Cousine (sitzend) und Cousin

Gefallen. Sie wünschte sich, daß ihre Söhne, wenn sie schon nicht mehr im behüteten Schtetl nach den Geboten der Thora lebten, wenigstens einmal in der Woche zusammen mit einem Rabbiner ein Kapitel aus dem Talmud studieren sollten. Einmal in der Woche, ein einziges Kapitel wäre nicht zu viel verlangt. Moshe und Chaim sollten dies ihrem Onkel versprechen.

Der Onkel kam nach Braunschweig und erzählte seinen Neffen von dem Wunsch ihrer Mutter. Ihr zuliebe stimmten mein Vater und Chaim zu. Zusammen mit dem Onkel gingen sie zum Rabbiner von Braunschweig, Herrn Dr. Wilhelm. Als der Onkel ihn sah, konnte er nicht glauben, daß dieser Mensch, der nicht einmal Jiddisch mit ihnen sprach, ein Rabbiner sein sollte. Er hatte weder Pejeß, noch trug er ein Kappele (kleine Kopfbedeckung) auf dem Kopf. Der Onkel war außer sich. Im Vergleich zu den Juden in Galizien kam ihm der Braunschweiger Rabbiner wie ein Andersgläubiger vor. Er weigerte sich, mit Herrn Wilhelm zu sprechen und verließ das Haus. Als sie wieder auf dem Heimweg waren, nahm der Onkel seinen beiden Neffen aber doch ein Versprechen ab. „Ir solt mir zusogn, as ir nit mit jenem Mentsch Gemure lernt, ir solt afile nit mit jenem redn (Ihr müßt mir versprechen, daß ihr mit diesem Menschen nicht Talmud lernt, ihr sollt nicht einmal mit ihm sprechen)", bat der Onkel.

Im Laufe dieses Besuches kam es noch einmal zu einer lustigen Geschichte mit dem Onkel. Meine Mutter war eine leidenschaftliche Opernliebhaberin. Wann immer es möglich war, ging sie ins Opernhaus. Als sie meinen Vater kennenlernte, wollte sie ihn sofort für ihre Leidenschaft begeistern. Es gelang ihr. Zusammen mit ihr besuchte mein Vater zum erstenmal in seinem Leben eine Oper. Es war eine italienische von Puccini. Von nun an liebte er dieses Genre.

Irgendwann besuchte er seine Eltern in Pruchnik. Natürlich mußte er sofort mit seinem Vater in die Synagoge. Die Synagoge, in der sie beteten, war ein einziger Raum so groß wie ein Wohnzimmer. Mein Vater, der ja die Belzer Schule besucht hatte, war der Ehrengast. „Moshe, du alz Belzer, sing unds Hallel (Moses, du als Belzer, sing uns das Gebet Hallel)", baten ihn die Männer in der Synagoge.

Hallel ist ein besonders schönes Lobgebet, das an jedem jüdischen Feiertag gebetet wird. Mein Vater war bereit. Er machte sich einen Spaß und sang das Gebet Hallel zu der Melodie der Ouvertüre von Madame Butterfly. Jeder der zuhörte war sehr beeindruckt und meinte, daß er Hallel noch nie so schön gehört hatte. Auch der besagte Onkel hörte meinen Vater singen.

Zurück nach Braunschweig. Mein Vater ging neben dem Onkel auf der Straße und sie unterhielten sich. Aus einem Häuserwinkel war die Ouvertüre der Madame Butterfly zu hören. Der Onkel erkannte die Melodie und bemerkte erstaunt: „Kick Moshe, die Gojim singen schoin Hallel (Schau Moses, jetzt singen die Andersgläubigen schon Hallel)!"

Nach dem Krieg erzählte mir ein Cousin meines Vaters eine Geschichte, die die Stärke und die Religiosität meiner Großmutter zeigt. Eines Tages kam ein deutscher Soldat über den Dorfplatz von Pruchnik. Er trieb einen Juden vor sich her. Immer wieder warf er ihn zu Boden und trat ihm mit seinen Stiefeln ins Gesicht. Meine Großmutter sah dies und lief zu dem Deutschen hin.

„Hör auf! Wer bist Du, daß Du einen Menschen so schindest?", schrie sie ihn auf jiddisch an. Der Soldat richtete die Waffe auf sie und sagte: „Geh, sonst erschieße ich Dich."

Sie blieb seltsam ruhig vor dem Deutschen stehen und sagte: „Wenn Gott will, daß ich jetzt sterbe, dann schieß!" Der Soldat hielt inne und blickte sie einen Augenblick lang an. Er ließ von dem Juden ab und ging fort.

Was mit meinen Großeltern und den Schwestern meines Vaters geschah, habe ich nie erfahren. Ich weiß nur, was ich lange nach dem Krieg über die Aktionen der Deutschen in Pruchnik las. In Ludwigsburg studierte ich die Vernehmungsprotokolle polnischer Zeugen, die während der deutschen Besetzung in Pruchnik lebten. Im Jahre 1971 berichtete ein 68 Jahre alter Pole, was in Pruchnik geschehen war: *„Eines Nachts, an das Datum erinnere ich mich nicht, sind Deutsche gekommen und haben die Häuser, in denen die Juden gewohnt haben, umstellt und haben sie erschossen. Auf diese Weise sind Wasermann Naftali, seine Frau und seine drei Töchter erschossen worden. Danach sind noch andere Juden erschossen worden, ich erinnere mich jedoch nicht mehr an ihre Namen. (...) Am 5. oder 7. August 1943 sind Gestapomänner, ihre Namen kenne ich nicht, nach Pruchnik gekommen, die schwarze Uniformen mit Totenköpfen trugen, und sie haben alle Juden, die damals noch in Pruchnik gewohnt haben, auf den Marktplatz von Pruchnik getrieben. Es sind ungefähr noch 30 Juden gewesen. Sie sind auf Fuhrwerke geladen und nach Pelkinie gebracht worden. In Wolka Pelkinska hat zu dem Zeitpunkt ein Lager für Juden existiert. Was mit ihnen gemacht worden ist, weiß ich nicht, sie sind jedoch wahrscheinlich erschossen worden, weil keiner von ihnen zurückgekehrt ist."* (Vernehmungsprotokoll der Zentralen Stelle der Landesjustizverwaltungen zur Aufklärung nationalsozialistischer Verbrechen in Ludwigsburg [ZStL] II-206 AR-Z 155/78-K, vom 27. August 1971, in Jaroslaw. Zeuge Jan T.)

Flucht nach Polen, 1936

Wir gingen also nach Polen. Aber wo in Polen sollten wir uns niederlassen? Wieder zurück ins kleinstädtische Leben nach Pruchnik oder nach Peczenizyn, woher meine Mutter stammte, wollten wir auf keinen Fall. Wir waren auf der Suche nach einer Stadt, in der man sich als Jude eine Existenz aufbauen konnte, und in der man Deutsch sprach, denn außer meiner Mutter sprach keiner von uns Polnisch. Obwohl mein Vater in Pruchnik aufwuchs, hat er Polnisch nie gelernt. Zuhause sprachen sie Jiddisch, im Cheder (jüdische Grundschule) wurde in jiddischer und hebräischer Sprache gelehrt. Später schickten ihn meine Großeltern in die berühmte Jeschiwe nach Belz. Da er sich nur unter Menschen bewegte, die Jiddisch konnten, bestand für ihn keine Notwendigkeit Polnisch zu lernen.

Die Wahl fiel auf Kattowitz in Oberschlesien. In dieser Industriestadt gab es noch genug Arbeit und Wohnungen, und die meisten Einwohner sprachen deutsch oder sie verstanden es zumindest. Für mich und meinen Bruder war diese Zeit sehr schlimm. Ich war verunsichert und fühlte mich fremd. Wenn ich auf der Straße Polnisch hörte und versuchte, einige Worte nachzusprechen, war ich sehr deprimiert. Es schien, als würde meine Zunge beim nächsten Konsonanten abbrechen. Ich war überzeugt, daß ich diese Sprache nie beherrschen würde, mich in diesem Land nie einleben könne und daß ich mich hier nie zu Hause fühlen würde. Ich wehrte mich innerlich dagegen, hier zu leben. Ich kannte keinen Menschen in dieser Stadt. Wenn ich Freunde fände, würde ich sie ja sowieso wieder verlieren. So war es, als ich Braunschweig verließ und später Berlin. Meinem Bruder ging es ähnlich. Wir waren beide sehr unglücklich und traurig über unsere Situation. Meine Eltern begriffen, was in uns vorging, und sie schickten uns aufs Land nach Peczenizyn zu den Eltern meiner Mutter. Sie hofften, daß wir dort ein wenig zur Ruhe kommen könnten. Wir hätten bei Großvater und Großmutter ein Zuhause und ein geregeltes Leben, bis sie in Kattowitz Fuß gefaßt hätten. So kam es dann auch – mein Bruder und ich fuhren zu den Großeltern.

Es verging fast ein ganzes Jahr, bis mein Vater uns nach Kattowitz zurückholte. Für mich war die Zeit bei Großvater und Großmutter in Peczenizyn ein sehr schönes, wertvolles Jahr. Bei ihnen wurde ich ein ganzes Stück erwachsener.

Peczenizyn war ein typisches jüdisches Schtetl nahe der rumänischen Grenze. Zuerst fühlten wir uns wie auf einem andern Stern. Es gab hier kein elektrisches Licht, sondern nur Petroleumlampen. In den Häusern fehlte fließendes Wasser. Wenn man Wasser brauchte, mußte man zum Marktplatz gehen und es dort aus einem der vier Brunnen schöpfen. Wer es sich finanziell leisten konnte, beauftragte für diese Arbeit den Wasserträger. Er trug eine Art Deichsel über den Schultern, an deren Seiten jeweils ein Eimer mit Wasser hing. Er brachte das Wasser bis in die Küche.

Petroleum mußte man beim Naft (Petroleum)-Händler kaufen. Er fuhr mit seinem Karren durch die Gassen und schrie: „Naft, Naft". Mit dem Eis und der Milch war es genauso. „Der Eismann is du", und „Milch, kojft Milch" tönte es auf den Gassen. Für mich hörte sich alles fremd an, es waren andere Laute, Stimmen und Geräusche, und doch fühlte ich mich mit der Zeit immer wohler. Ich spürte etwas Neues. Ich war einer von ihnen, ein Jude inmitten von Juden. Jeden Tag außer Sabbat lernten wir im Cheder die Gesetze und Gebete, die Geschichten der Bibel und alles, was ein Jude über seinen Glauben und das Leben wissen muß. Der Unterricht wurde in Jiddisch gehalten. So beherrschte ich bald neben Hebräisch auch die jiddische Sprache. In diesem Jahr lernten mein Bruder und ich auch etwas Polnisch, meine Großeltern brachten uns die Sprache bei. Es war schon seltsam. Trotz der ärmlichen Verhältnisse in Peczenizyn war unser Leben hier sehr reich. Wir lernten drei Sprachen, wir lernten den Talmud, wir wurden geliebt von unseren Großeltern und fühlten uns geborgen. Hier war ich ein ganz normaler Junge, Otto Jehoschua Schwerdt, mit all seinen ganz persönlichen Vorzügen und Schwächen. Ich konnte ich sein. In Deutschland reduzierte man uns auf unser „Jüdisch sein", man selbst war nicht mehr wichtig.

Mein Großvater, Samuel Udelsmann, war ein traditionell religiöser Mensch. Mein Bruder und ich mochten ihn sofort. Im Ort hatte er den Ruf des weisen, gerechten Juden. Auch kannte er sich mit der Mixtur von Naturheilmitteln aus. Die Leute, Juden und Nichtjuden, kamen mit ihren Schmerzen zu ihm. Er fertigte eine Salbe an und gab sie ihnen, ohne je etwas dafür zu verlangen. Wenn jemand bei ihm Rat suchte, egal ob Jude oder Nichtjude, versuchte er zu helfen.

Er war sehr tolerant und in seinem Inneren ein wahrer Menschenfreund. Meine Großmutter Chana war eine sehr ruhige, liebe Frau. Sie steckte uns häufig etwas zu essen, ein Spiel oder Geld zu. Sie war die zweite Frau meines Großvaters. Seine erste Frau war kurz nach der Geburt ihres jüngsten Sohnes gestorben. Sie hinterließ vier Kinder, Sara, Anna, Gustav und Eduard. Als das Trauerjahr vorüber war, heiratete er meine Großmutter Chana. Sie war damals etwa 18 Jahre alt. Mit ihr hatte er ebenfalls vier Kinder, meine Mutter Eti, Chaim, Mendel und Salomon.

Immer wenn ich an meinen Onkel Salomon denke, fällt mir seine „Ausreisegeschichte" ein. Ein paar Jahre nachdem meine Mutter mit fünf ihrer Geschwister – Gustav, Eduard, Chaim, Anna und Salomon – nach Braunschweig kam, entschied sich Onkel Salomon nach Peczenizyn zurück zu gehen. Von dort wollte er nach Palästina auswandern. Nach unzähligen Anträgen erhielt er endlich eine Einreisegenehmigung von den Briten. Er hatte Glück.

Die Genehmigung war mit einer Bedingung verbunden – der Einreisende mußte verheiratet sein. Wieso verheiratet? Keiner weiß es genau, aber so war es. Salomon war zu dieser Zeit unsterblich in das junge Mädchen Zeitl verliebt. Ja, mit ihr wollte er nach Palästina gehen, das Land aufbauen, Kinder bekommen, glücklich sein und alt werden. Er hielt um ihre Hand an. Die Familie hatte jedoch zwei Töchter, seine große Liebe Zeitl und ihre ältere Schwester Esther. Damals war es Sitte, die Töchter nacheinander zu verheiraten, erst die älteste, dann die zweitälteste und so weiter. Er mußte sich entscheiden, Palästina oder Zeitl. Er heiratete Esther und ging nach Palästina. In das Dorf Even Yehuda. Hier leben seine Söhne, Enkel und Urenkel. Die anderen Geschwister meiner Mutter emigrierten von Braunschweig aus in die USA. Sie und Onkel Salomon trafen die richtige Entscheidung und verließen Europa.

Als Sigi und ich in Peczenizyn waren, lebte nur noch unser Onkel Mendel bei den Großeltern. Er war ein religiöser Fanatiker. Immerzu schimpfte er vor meinem Bruder und mir über unseren Vater. Mein Vater sei nicht religiös genug, nehme alles zu leicht und sei ein notorischer Kartenspieler. Irgendwann hörte mein Großvater diese Schimpftiraden, nahm Onkel Mendel beiseite und sprach mit ihm. Von da an hörten wir Mendel kein schlechtes Wort mehr über meinen Vater sagen.

Oft wünsche ich mir, daß ich noch mehr und genauere Erinnerungen an die Zeit bei meinen Großeltern in Peczenizyn hätte. Keinen

Augenblick mit ihnen hätte ich vergessen dürfen. Ich will ihre Gesichter genau vor mir sehen, und ihre Stimmen hören, mit ihnen lachen, von ihnen lernen, mit ihnen den Sabbat vorbereiten und feiern, sie berühren, ihnen beistehen.

Samuel Udelsmann starb kurz vor Beginn des Krieges. Onkel Mendel blieb mit meiner Großmutter in Peczenizyn. Als wir im Ghetto Dombrowa noch Briefe erhalten konnten, hörten wir das letztemal von ihnen. Onkel Mendel schrieb uns, daß unsere Großmutter von den Deutschen erschossen worden war. Ihn brachte man mit den anderen Juden aus der Umgebung nach Kolomea. Er bat uns um Hilfe. Aber wie konnten wir ihm helfen? Wir schickten einen Brief mit etwas Geld an die angegebene Adresse, erhielten jedoch nie eine Antwort.

Was mit Onkel Mendel geschah, haben wir nie erfahren. Nach dem Krieg las ich vom Transport der Juden aus Kolomea in das Vernichtungslager Belzec. Der Kompanieführer eines Polizeibataillons berichtete dem Kommandeur der Ordnungspolizei für Galizien über die „Aktionen zur Judenumsiedlung" im Spätsommer 1942: *„Die für den 7. 9. 42 angesetzte Aktion in Kolomea war für alle beteiligten Kräfte entgegen den Erfahrungen in Stryj erleichtert und gut vorbereitet. Von den genannten Dienststellen und dem Arbeitsamt in Kolomea war die Parole an die Juden ausgegeben worden, sich zur Registrierung am 7. 9. – 5.30 Uhr auf dem Sammelplatz des Arbeitsamtes einzufinden. Hier waren zur angegebenen Zeit tatsächlich etwa 5300 Juden aufmarschiert. Mit allen Kräften meiner Kompanie habe ich die Judenviertel abgesperrt und gründlich durchsucht, wobei noch etwa 600 Juden aufgetrieben worden waren.*

Die Verladung des Transportzuges war um 19 Uhr abgeschlossen. Es sind 4769 Juden umgesiedelt worden, nachdem von den insgesamt aufgetriebenen Juden etwa 1000 von der Sich.-Pol. freigegeben worden waren. Jeder Waggon dieses Transportes war mit 100 Juden beladen. Die am Tage herrschende große Hitze hat die ganze Aktion stark belastet und auch den Transport sehr erschwert. Nach der ordnungsmäßigen Vernagelung und Plombierung aller Waggons setzte sich der Transportzug gegen 21 Uhr mit einem Begleitkommando von 1/9 nach Belzec in Bewegung. Bei der aufkommenden starken Dunkelheit in der Nacht sind mehrere Juden entkommen, die sich nach Entfernung des Stacheldrahtes durch die Luftlöcher hindurchgezwängt haben, wovon jedoch ein Teil sofort von dem

Begleitkommando erschossen werden konnte, während der größte Teil der geflüchteten Juden in der Nacht oder am anderen Tage vom Bahnschutz oder anderen Polizeikräften beseitigt worden ist. Dieser Transport konnte ohne nennenswerte Vorkommnisse in Belzec abgeliefert werden. (...)
Am 7. 9. sind cirka 300 altersschwache, verseuchte, gebrechliche und nicht mehr transportfähige Juden exekutiert worden. Gemäß dem mir erst am 6. 9. zur Kenntnis gekommenen Befehl v. 4. 9. 42, betr. Judenumsiedlung – hier Munitionsverbrauch sind 90% aller Exekutierten durch Karabiner bzw. Gewehr erschossen worden. Nur in Ausnahmefällen wurde von der Pistole Gebrauch gemacht." (ZStL, Dokumentensammlung Bd. 410, Bl. 508 ff; Bericht eines Kompanieführers des Polizeibataillons 133, Polizeiregiment 24)

In Kattowitz wohnten wir zu viert in einem Zimmer, in der Sienkewiczastraße 17. Die Vermieterin, Frau Kückelmann, war sehr „deutsch", trotzdem vermietete sie an uns. Frau Kückelmann hatte noch ein weiteres Zimmer ihrer Wohnung an eine Prostituierte vermietet. Unsere Zimmernachbarin schenkte meinem Bruder und mir immer Bonbons oder Schokolade. Sie war wirklich sehr nett. Was sie nachts tat und warum sie es tat, danach hat niemand gefragt. Wenn ich heute an Frau Kückelmann denke, sehe ich eine kleine, untersetzte Frau vor mir, die mit einer unangenehmen, schrillen Stimme immerzu „Waldesruhhuhu...!" singt.

Später zogen wir noch zweimal um. Zuerst in die Krakowskastraße 2, dann nach Dombrowa, einer kleinen Stadt, etwa 20 Straßenbahnminuten von Kattowitz entfernt. Hier waren Wohnungen und das tägliche Leben billiger als in Kattowitz.

Kurz nachdem wir nach Dombrowa gezogen waren, verließ Meta das Lyceum in Braunschweig und kam zu uns, denn ab 1937 durften Juden keine deutsche Schule mehr besuchen. Es ging uns sehr schlecht. Mein Vater hatte keine feste Arbeitsstelle und unsere finanziellen Mittel waren fast aufgebraucht. Um etwas Geld zu verdienen, arbeitete Sigi bei einem Maurer in Dombrowa. Ich begann eine Malerlehre in Kattowitz. Trotzdem fehlte uns ständig Geld für das tägliche Leben. Wie wir es über die Monate schafften, weiß ich nicht mehr. Ab und zu gewann mein Vater ein wenig Geld beim Kartenspielen. Oft genug verlor er auch, dann war es besonders schlimm. Trotz unserer Geldnot konnte mein Vater das Kartenspielen nicht lassen.

Im Winter 1938 sollten wir noch einmal etwas Glück haben. Obwohl wir wenig Geld besaßen, kaufte meine Mutter ein Dauerlos der staatlichen Klassenlotterie. Sie gab die Hoffnung nicht auf, vielleicht doch einmal zu gewinnen. Sie kaufte ein Viertellos, das an der monatlichen Verlosung teilnahm. Ein älterer Jude kam alle vier Wochen, um dafür zehn Zloty zu kassieren. Wieder kam der Jude, aber meine Mutter hatte die nötigen zehn Zloty nicht. Spielen wollte sie aber trotzdem. Sie ging zu unserem Nachbarn, Herrn Drechsler, und bat ihn, ihr das Geld zu leihen. Er war dazu aber nur bereit, wenn er für fünf Zloty am Los beteiligt wäre. Falls das Los nicht gewänne, müßte meine Mutter ihm nur fünf von den zehn geliehenen Zloty zurückgeben. Gewänne das Los aber, so würde er die Hälfte vom Gewinn erhalten. Meine Mutter war einverstanden. Als Frau Drechsler von der Teilhaberschaft ihres Mannes erfuhr, war sie sehr wütend auf ihn. Sie zwang ihn, zu meiner Mutter zu gehen und die Abmachung rückgängig zu machen.

Etwa eine Woche später fand die Ziehung statt. Ich war gerade auf dem Weg nach Hause von Kattowitz nach Dombrowa, als ich vor dem Schaufenster der Lotteriestelle Kaftal die Gewinnzahlen aushängen sah. Ich stand da und las: „25 000 Zloty auf das Los 133720. 10 000 Zloty auf die Nummer..."

Halt, das war doch unsere Nummer, 133720. Die Nummer kannte ich inzwischen auswendig. Ich begann zu rechnen. Da wir nur ein Viertellos hatten, würden wir also 6250 Zloty bekommen, ein richtiges Vermögen. Aufgeregt und außer mir vor Freude stolperte ich in das Geschäft hinein und fragte den Inhaber: „Sagen Sie, ist die Nummer 100 Prozent richtig?"

„Nein, 99 Prozent", antwortete der Mann und schmunzelte.

Zuhause überraschte ich meine Mutter mit der guten Nachricht. Sie war überglücklich. Sofort schickte sie mich zu meinem Vater ins Café Opera nach Kattowitz, um ihm von dem Gewinn zu erzählen. Er war dort mit einem Mann verabredet, den er um ein Darlehen bitten wollte. Sofort erblickte ich meinen Vater und den Mann an einem Tisch. Ich flüsterte Vater die wunderbare Nachricht ins Ohr. Höflich verabschiedete er sich von dem potentiellen Darlehensgeber, nahm mich um die Schulter und ging mit mir strahlend nach draußen. In der Straßenbahn nach Dombrowa stellten wir uns die Summe vor und überlegten uns, wieviele Hunderter dies waren, oder Fünfziger, Zwanziger und so weiter. Wir waren wie im Rausch. Frau Drechsler wurde, wie ich hörte, nahezu grün, als sie von unserem Glück erfuhr. Meine Mutter zahlte Herrn Drechsler die geliehenen zehn Zloty zurück.

Nun hatten wir genügend Geld, um eine größere Wohnung zu mieten. Wir zogen in das Haus von Dr. Staba, einem Arzt in Dombrowa. Von dem Gewinn konnten wir uns auch endlich einen Urlaub auf dem Land leisten. Die Sache hatte nur einen Haken, einer mußte zuhause auf die Wohnung aufpassen, und derjenige sollte ich sein. Als Ausgleich versprach mein Vater, mir nach dem Urlaub ein Fahrrad zu kaufen. Meine Eltern und Geschwister genossen den Urlaub, doch ich bekam mein Fahrrad nie. Ich war enttäuscht und fand es schrecklich ungerecht.

Durch den Gewinn konnte mein Vater in das „Eisenerzgeschäft" einsteigen. Das kam so: Herr Unger, ein entfernter Verwandter aus Przemysl, nahm Kontakt mit meinem Vater auf. Er schlug ihm ein Geschäft vor. In der Nähe von Przemysl wurden Eisenerze gefördert, die in eine Hütte nach Dombrowa geliefert werden sollten. Da die Hütte keine Geschäfte mit Juden machen würde, müßte man als offiziellen Geschäftspartner einen Nichtjuden als Mittelsmann zwischenschalten. Mein Vater hatte da auch schon jemand im Auge. Er lernte beim Kartenspielen im Café Opera einen polnischen Chirurgen kennen, der für eine gewisse Beteiligung bereit war, die Geschäfte mit der Hütte offiziell unter seinem Namen abzuwickeln. So war es dann auch.

Mein Vater war also im Eisenerzgeschäft. Zuerst warf das Geschäft genügend ab, und wir hatten eine finanzielle Verschnaufpause. Als die wirtschaftliche Situation in Europa zunehmend ernster wurde, spürte mein Vater die Auswirkungen. Die Umsätze im Eisenerzgeschäft sanken. Er verdiente schließlich gerade soviel, daß es für die Miete und die Lebensmittel reichte. Neue Kleidung oder Schuhe waren wirklicher Luxus für uns. Damals waren wir alle davon überzeugt, daß dies die schrecklichste Zeit für unsere Familie war, und es nur besser werden könnte. Die Eisenerz-Lieferungen von Przemysl nach Dombrowa wurden bei Kriegsbeginn, ich weiß nicht mehr, wann es genau war, ganz eingestellt.

Angst und Hoffnung

Am 1. September 1939 griffen die Deutschen Polen an. Wir alle waren sehr aufgeregt und verunsichert. Mit unserem Nachbarn, Herrn Kokoszka, einem Polen, der auch im Haus von Dr. Staba wohnte, diskutierten wir die politische Lage, und was die Geschehnisse für uns Juden bedeuteten. Viele redeten von Flucht, andere waren überzeugt, daß Abwarten klüger wäre.

Sollten wir fliehen? Wieder alles stehen lassen und ins Ungewisse gehen? Meine Eltern wußten nicht, was sie tun sollten. Auf der einen Seite befürchteten sie, daß die Nazis uns Juden nun auch in Polen durch Verbote und Gesetze vom wirtschaftlichen und gesellschaftlichen Geschehen isolieren würden. Andererseits sahen wir keine Möglichkeit mehr, Europa von hier aus zu verlassen. Wohin sollten wir also gehen? Wir blieben.

Die Menschen in Dombrowa hatten Angst. Viele, Polen wie Juden, versuchten nach dem Einmarsch der Deutschen weiter nach Osten zu flüchten.

In der Nacht hörten wir Schüsse und Kanonendonner. Bei Slawkow, einem Ort zwischen Dombrowa und Krakau, schossen die Nazis aus Flugzeugen auf die fliehende Menschenmenge. Selbst Bomben warfen sie auf die wehrlosen Zivilisten. Einige Tage später trafen wir einen Mann, der unter den Flüchtlingen war und sich zurück nach Dombrowa retten konnte. Er erzählte meinem Vater von der blutigen Nacht, in der sein Haar weiß wurde.

Auch in den wenige Kilometer entfernten Orten Sosnowitz und Bedzin gingen die Deutschen bei ihrem Einmarsch brutal gegen Juden vor. Sie zündeten die Synagoge und einen Wohnblock mit etwa 15 Häusern an, in denen Juden lebten. Menschen, die aus den brennenden Häusern liefen, erschossen sie sofort. Ich war sechzehn Jahre alt und konnte die Welt nicht mehr verstehen.

Die Nazis verhängten sofort ein Ausgangsverbot. Keiner durfte sich nach 20 Uhr draußen aufhalten. Wer dagegen verstieß, egal ob Jude oder Pole, wurde erschossen. Zuerst unterschieden sie nicht zwischen Polen und uns. Wir standen beim Brotholen noch in einer Reihe. Sie brauchten Zeit, um die Selektion der Juden zu organisieren. Wenig später mußten wir weiße Armbinden mit blauem Davidstern tragen. Es begann. Wir waren äußerlich erkennbar und somit jederzeit angreifbar, jederzeit zu demütigen, jederzeit zu töten.

Nach kurzer Zeit erließen die Deutschen Gesetze und Verordnungen, um die Juden aus dem Wirtschaftsleben zu verdrängen. Juden durften in den örtlichen Markthallen weder kaufen noch verkaufen. Selbst der Zutritt zu den Markthallen wurde uns durch eine Anordnung des Oberbürgermeisters verboten. Eine Verordnung des Regierungspräsidenten verbot der jüdischen Bevölkerung, von deutschen oder polnischen Kaufleuten Lebensmittel und andere Waren zu kaufen. Und den Deutschen und Polen wurde das Einkaufen in jüdischen Einzelhandelsgeschäften verboten.

Verboten! Verboten! Verboten!

In den Schaufenstern der jüdischen Geschäfte mußte der Davidstern hängen und ein Schild, auf dem geschrieben stand: „Verkaufsstelle nur für Juden"; in den Werkstätten der Handwerker ein Schild mit der Aufschrift „Werkstätte nur für Juden".

Sie vertrieben die Juden, die in den Hauptstraßen der Städte lebten, aus ihren Wohnungen. Nicht nur das Wohnen, sondern auch das Gehen in bestimmten Straßen wurde uns mit der Zeit verboten. Um innerhalb von Sosnowitz in den Stadtteil Alt-Sosnowitz zu gelangen, mußte man einen Umweg von einer halben Stunde machen, da es Juden nicht erlaubt war, durch die Drei-Mai-Straße zu gehen. Fahren durfte man nur nach Bedzin, Sosnowitz und Strzemieszyce. In den Straßenbahnen gab es für Juden zuerst besondere, durch Ketten abgetrennte Plätze. Später erlaubten sie uns nur noch, auf der Plattform mitzufahren. Dann, es muß irgendwann im Jahre 1941 gewesen sein, hängten sie einen extra Staßenbahnwagen an mit einem Davidstern und der Aufschrift „Nur für Juden". Unser Nachbar, Herr Kokoszka, der noch vor kurzer Zeit als Freund mit uns die Lage Polens und der Juden diskutierte, war jetzt „Volksdeutscher" geworden. Seine Söhne trugen stolz ihre HJ-Uniform. Sie mieden uns.

Bald nach der Besetzung des gesamten Gebietes Oberschlesien widmeten sich die Deutschen intensiv der „Umsiedlung" der Juden. Der „Sonderbeauftragte des Reichsführers SS für fremdvölkischen Arbeitseinsatz", Schmelt, sein Mitarbeiter Lindner, der Leiter des Judenreferats für Oberschlesien Dreier und deren Stäbe leiteten die „Neuansiedlungen" in Ghettos und die Deportationen in die Zwangsarbeitslager und später nach Auschwitz.

Sie begannen damit, Ghettos in Sosnowitz, Bedzin und Dombrowa zu errichten. Zuerst evakuierten sie die christliche Bevölkerung aus den ausgewählten Stadtgebieten, zogen rundherum Stacheldraht und pferchten anschließend soviele Juden, wie sie konnten, in die Ghettos hinein. Ich kenne keine genau Zahl, doch nach dem Krieg erfuhr ich, daß vor 1939 allein in den Orten Sosnowitz und Bedzin mindestens 40 000 Juden lebten. Hinzu kommen die Juden aus anderen Orten, die die Nazis hier für Transporte in die Konzentrationslager sammelten.

Dann ordneten sie an, daß in den Ghettos Judenräte gebildet werden müßten. Als Leiter der Judenräte für Oberschlesien wurde Herr Moniek Merin ernannt, der seinerseits in den einzelnen Ghettos Judenälteste bestimmte. Einmal sah ich Herrn Merin, als er in Dombrowa war. Er stand auf dem Balkon eines Hauses und sprach zu uns. Es waren unglaublich viele Menschen vor dem Haus versammelt. Alle sehnten sich nach einer Nachricht, die ihnen Hoffnung machen würde und sie an ein baldiges Ende dieses Wahnsinns glauben lassen könnte. Doch er beschwor uns: „Geht in die Zwangsarbeitslager, wenn man euch aufruft, denn ihr wißt nicht, was noch passieren wird. Bleibt nicht zu Hause!" Warum, und was noch passieren könnte, sagte er nicht. Rückblickend denke ich oft, Herr Merin wußte oder ahnte, was die Juden in den Vernichtungslagern erwartete. Er beschwor uns, in die Zwangsarbeitslager zu gehen, und wir verstanden nicht, warum er uns dazu riet. Herr Merin und fünf andere Mitglieder des Judenrates wurden in der Nacht des 19. Juni 1943 von der SS verhaftet. Später hörte ich von anderen KZ-Häftlingen, daß sie noch in derselben Nacht in Auschwitz erschossen worden sind.

Im Ghetto Dombrowa war Herr Bornstein Judenältester. Die Mitglieder des Judenrates und die Judenältesten waren Befehlsempfänger der SS. Mit der SS verhandeln oder brutale Aktionen verhindern konnte ein Judenältester nicht. Die SS befahl ihm, wie viele Menschen fürs Zwangsarbeitslager bereitgestellt werden sollten, wo die letzten Habseligkeiten abzugeben wären, oder wer wie viele und welche Lebensmittel bekommen sollte, und viele Anordnungen mehr. Zusätzlich setzte die SS-Verwaltung im Ghetto eine, wie sie sie zynisch nannte, „Jüdische Polizei" ein. Dazu mußte der Judenälteste Personen bestimmen. Die SS stattete sie dann mit Knüppeln aus. Auf Befehl der Nazis mußten sie die Menschen zusammentreiben, die für die Zwangsarbeitslager oder zum Transport in Vernichtungslager bestimmt waren. Die jüdischen Polizisten waren oft sehr brutal.

Es ist schwer zu verstehen, wie es kommen konnte, daß sich Juden mißbrauchen ließen, um Juden Gewalt anzutun. Wenn ich an diese Zeit zurückdenke und die Opfer und Täter in Lagern vor mir sehe, glaube ich, daß die Nazis ganz bewußt so vorgingen. Weil sie Grausames und Abgründiges in sich selbst sahen, fühlten und ausführten, versuchten sie dunkle Seiten auch bei den Opfern hervortreten zu lassen. Sie bedienten sich ihrer Opfer. Unter tödlichem Druck werden Menschen zu Werkzeugen.

Ghetto Dombrowa

Auch wir wurden gezwungen, unsere Wohnung für die Polen zu räumen und ins Ghetto Dombrowa zu ziehen. Man wies uns ein Zimmer innerhalb einer Wohnung zu. Jeder Winkel im Ghetto war überfüllt mit Menschen. Es herrschten unbeschreiblich schlechte hygienische Verhältnisse in den Häusern. Die Enge, der Gestank und der Lärm waren nur schwer zu ertragen. Langsam kam auch der Hunger dazu, denn die Nazis beschränkten die Versorgung des Ghettos mit Lebensmitteln.

Wir alle verhielten uns seltsam unnatürlich. In unserer Familie vermieden wir es zuerst, über unser elendes Dasein zu sprechen. Jeder arrangierte sich so gut es ging mit der gegenwärtigen Situation. Ich kannte einige Leute, die ihre Umwelt scheinbar vollkommen ignorierten. Sie taten so, als spielte jedes neue Verbot und jede neue Bestimmung, die sich die Nazis für uns ausdachten und mit der sie unser Leben immer mehr beschnitten, keine Rolle mehr. Vielleicht konnten sie nur so die Tage im Ghetto durchstehen. Es gab auch Juden, die sich wehrten und gegen Anordnungen der Deutschen verstießen. Meistens wurden sie sofort erschossen oder sie verschwanden mit dem nächsten Menschentransport. Bald sah auch ich die ersten Toten.

Ich bin schrecklich durcheinander und aufgewühlt. Immer wieder suche ich nach einer Erklärung für das grausame Treiben der Deutschen. Warum tun sie das mit uns? Und vor allem, warum nehmen wir dieses Unrecht widerstandslos hin? Ich bin jung und muß mich wehren! Meine Eltern vermeiden dieses Thema. Sie können ihre Aufgabe als beschützende Eltern nicht mehr wahrnehmen, und sprechen vermutlich aus diesem Grund nicht mit Meta, Sigi und mir über unsere Lage. Manchmal fühle ich, wie sie sich vor uns Kindern schämen. Nur mit meinem Bruder und meinen Freunden kann ich über die gewaltige Wut und über die Erniedrigung reden, die ich empfinde. Doch letztlich habe auch ich nicht den Mut, mich zu wehren. Das macht mich noch wütender.

Das Ghetto wurde von deutschen „Hiwis" bewacht. So nannte man die Helfer der Nazis. Anfangs hatten einige junge Juden es gewagt, die weißen Binden auszuziehen, um aus dem Ghetto herauszukommen. Nachdem die ersten von ihnen erschossen wurden, unterließen es die anderen. Nur mit einer Sondergenehmigung konnte man das Ghetto tagsüber verlassen. Diese bekam aber nur, wer für einen kriegswichtigen Betrieb außerhalb des Ghettos arbeitete, und wenn die Firma die „Unverzichtbarkeit" bescheinigte. Auch Juden, die ein eigenes Geschäft außerhalb besaßen, durften das Ghetto verlassen. Ihre Sondergenehmigung galt solange, bis das Geschäft an die Deutschen übergeben werden konnte, also bis sie enteignet wurden. Im Ghetto lebten alle von dem Wenigen, was sie hierher retten konnten. Um an Lebensmittel und sonstige notwendige Dinge wie Seife, Stoffe oder Schuhe zu kommen, verkaufte man nach und nach die geretteten Wertsachen an Polen, die anfangs noch Geschäfte im Ghetto machen durften. Somit waren wir nicht nur den Deutschen vollkommen ausgeliefert, sondern auch vom Wohlwollen der Polen abhängig.

Jeden Tag wurde uns mehr genommen. Als alle Radios im Ghetto abgegeben werden mußten, war der letzte Kontakt zur Außenwelt abgebrochen. Deportationen fanden nun immer öfter statt. Es hieß, die Transporte gingen ins Zwangsarbeitslager. Eines Tages kam mein Freund Arnold völlig verzweifelt zu uns nach Hause. Die Nazis hatten seine Eltern mitgenommen. Wohin wußte keiner. Arnold war mein bester Freund. Meine Eltern, meine Geschwister und ich beschlossen, unsere Familie zu vergrößern. Arnold wohnte von nun an bei uns.

Unser Leben wird immer schwieriger, die Schikanen der Nazis immer häufiger und heftiger. Die Angst vor ihnen, die Angst vor den Polizeiaktionen, die Angst vor der Deportation ins Zwangsarbeitslager, die Angst vor dem Morgen beherrscht die Menschen. Auch in meinem Kopf macht sie sich breit.

Mein Vater kam eines Tages nicht mehr nach Hause. Er war gerade auf der Straße, als die Nazis wieder Juden für die Zwangsarbeitslager suchten. Am Anfang hatten sich die Menschen im Ghetto noch freiwillig zur Arbeit gemeldet. Als sie jedoch die ersten Nachrichten aus den Lagern erhielten, meldete sich niemand mehr freiwillig. Also

Schwester Meta Schwerdt (mit Judenstern) im Ghetto Dombrowa

begannen Sturmbannführer Lindner und sein Helfer, Polizeihauptwachtmeister Knoll, Juden „einzufangen". Sie fuhren mit einem kleinen Lastwagen durch die Straßen des Ghettos und nahmen mit, wen sie wollten. Die verhafteten Juden wurden erst in das Durchgangslager Sosnowitz gebracht. Von dort aus verteilte die SS sie auf die verschiedenen Zwangsarbeitslager.

Am Abend erzählte uns ein Bekannter, daß mein Vater auf der Straße angehalten und auf solch einen Lastwagen geprügelt worden war. Wie wir später noch erfuhren, wurde er ins Zwangsarbeitslager Kleinmangersdorf gebracht.

Meine Mutter ist sehr nervös. Wir alle haben schreckliche Angst um Vater. Oft weine ich nachts, wenn ich unbeobachtet bin, denn ich fürchte, ihn nie mehr wiederzusehen. Die Ängste um ihn zermürben mich. Alleine kann ich es nicht durchstehen, und ich wende mich zum erstenmal ernsthaft, ja fast fordernd an Gott. Unaufhörlich muß ich an Vater denken und bete, daß er doch gesund zurückkehren möge. Ich bin hilflos wie ein Kleinkind.

Nach einigen Tagen erhalten wir den ersten Brief aus dem Zwangsarbeitslager. Es geht ihm nicht gut. Die Deutschen erlauben es damals noch, Pakete in die Zwangsarbeitslager zu senden. Um Vater Lebensmittel und Kleidung schicken zu können, verkauft meine Mutter nach und nach verschiedene Wertsachen.

Nach etwa drei Monaten stand er eines abends plötzlich vor uns. Dünn, geschunden und krank. Zu dieser Zeit wurden kranke Häftlinge noch ins Ghetto zurückgeschickt. Wenig später war Krankheit ein sicheres Todesurteil.

Es ist wie ein kleines Wunder, denn die Hoffnung, ihn wiederzusehen, war während der drei Monate mit jedem Tag geschwunden. Dies ist einer der Momente, in denen ich Gott ganz nah bin. Vater zu

Bruder Sigi
Schwerdt

berühren, seine Stimme zu hören, seine Nähe zu spüren, gibt mir wieder Halt. Ich liebe ihn wirklich sehr.

In den folgenden Tagen wagte es keiner von uns, Vater über Kleinmangersdorf und seine Erlebnisse Fragen zu stellen. Er selbst erzählte nie etwas. Er strich diese Monate aus seinem Leben. Nachdem er wieder zu Kräften gekommen war, suchte er einen Weg, um Juden zu helfen, die in Gefängnissen inhaftiert waren und denen die Deportation drohte. Zusammen mit Herrn Berliner, der früher in Kattowitz eine Schneiderei hatte und den wir aus diesen Tagen kannten, hatte er eine Idee. Beide nahmen vorsichtig Kontakt zu zwei höheren deutschen Zollbeamten auf. Ich weiß nicht genau, welche Funktion diese hatten, und wie Herr Berliner und mein Vater es schafften, an diese Männer heranzukommen. Gegen Geld waren die Beamten bereit, dafür zu sorgen, daß Häftlinge, die ihnen mein Vater und Herr Berliner nannten, aus dem Gefängnis ins Ghetto zurückgeschickt wurden. Das Bestechungsgeld bekam mein Vater von den Angehörigen der Häftlinge. Sich einfach bestechen zu lassen, gefiel den beiden Beamten aber nicht. Sie hatten Angst vor der SS. Es war für alle vier sehr gefährlich. Wären sie erwischt worden, hätte das den Tod bedeuten können.

Mein Vater schlug ihnen eine Pokerpartie vor. Keiner würde so schnell hellhörig werden, wenn zwei Deutsche bei zwei Juden im Poker Geld gewinnen würden. Sie willigten ein. Von nun an spielten Herr Berliner und mein Vater Poker mit ihnen, wenn sie sie bestachen. Einmal nahm mich mein Vater zu einer Partie mit. Es herrschte eine seltsam gelöste Atmosphäre. Jeder tat so, als hätte er Spaß am Spiel. Ich glaube, meinem Vater, der ja ein leidenschaftlicher Kartenspieler war, tat es im Herzen weh, ein Full House oder einen Flash einfach beiseite zu legen und die anderen gewinnen zu lassen.

Wir Jugendliche waren hungrig nach geistiger Nahrung und gründeten eine Art zionistische Zelle. Wir diskutierten stundenlang über alle möglichen Dinge. Musik, Theater, Politik, unsere unabänderliche Lage. Doch trotz der Ablenkung, die wir uns schufen, stellten wir uns ständig dieselben Fragen. War unser Leben schon vorbei? War das alles? Sollten wir hier dahinvegetieren? Keinen Beruf erlernen können, keine Familie gründen können, nicht ins Kino gehen können, nicht ins Theater gehen können, keine neuen Bücher lesen können, keine Zeitung lesen können, nicht erwachsen werden können, nicht als Mensch leben können?

Dann bekamen wir wieder ein wenig Hoffnung. Wir erfuhren, daß in Strzemieszyce, ungefähr zehn Kilometer von Dombrowa entfernt, eine Farm von Zionisten gegründet wurde. Junge Juden wurden hier zu Landwirten ausgebildet. Es hieß auch, daß man als Landwirt von den britischen Behörden eher eine Einreisegenehmigung nach Palästina bekommen würde. Diese Nachricht war wie ein rettender Strohhalm für mich. Arnold und ich durften nach Strzemieszyce und wurden Bauern. Wir lernten und lebten auf dem Hof. Warum die Deutschen uns dies erlaubten, wußte keiner von uns so genau. Ab und zu durften wir unsere Familie im Ghetto besuchen.

Zwangsarbeitslager

An einem Herbstnachmittag im Jahre 1941 war Polizeihauptwachtmeister Knoll wieder auf „Judenjagd" für die Zwangsarbeitslager. Als er mich erwischte, war ich zusammen mit meinem Freund Heniek Macner auf dem Weg von Strzemieszyce nach Dombrowa, um meine Eltern zu besuchen. Neben uns hielt plötzlich der kleine Lastwagen von Knoll. Dann lief alles ganz schnell ab. Er stieg aus und brüllte uns an.

Ich verstehe die Worte nicht. Gebrüll, Geschubse, Tritte, ich kann mich nicht wehren. Ich zögere, auf den Wagen zu steigen und bekomme von hinten einen kräftigen Schlag in den Rücken. Dieser Schlag katapultiert mich auf die Ladefläche des Lasters. Vor Schmerz bekomme ich keine Luft. Ich liege mit dem Gesicht nach unten auf dem Boden. Nur langsam läßt der Schmerz nach und ich blicke mich um. Noch fünf andere Juden sind auf dem Lastwagen. Knoll hatte sie vor uns eingefangen. Einer von ihnen hilft mir auf und setzt sich mit mir auf die Bank. Heniek sitzt mir gegenüber. Wir haben einen Schock.

Wohin werden sie uns bringen? Meine Eltern müssen wissen, wo ich bin, ich muß sie informieren. Vielleicht können uns die Leiter der Farm in Strzemieszyce helfen?

Nach einer Weile merke ich, daß Heniek gebannt auf meine Füße schaut. Ich erschrecke, als er mich plötzlich laut und aufgeregt fragt, wem denn die Socken gehörten, die ich trage. Er hätte nämlich die gleichen. Was interessieren ihn gerade in diesem Augenblick die Socken? Wir wissen nicht, wohin uns die Nazis bringen und was mit uns geschehen wird, und Heniek denkt an die Socken! Im ersten Moment kann ich nicht verstehen, was in ihm vorgeht. Doch als ich in seine Augen blicke und das Zittern seines Körpers wahrnehme, weiß ich es. Er zittert vor Angst, er ist fast von Sinnen vor Angst. Ja, es waren Henieks Socken. Meine hatten Löcher und ich lieh mir heimlich Henieks Socken für unseren Besuch bei meinen Eltern aus. Ich kann ihm jetzt nicht sagen, daß es eigentlich seine Socken sind und antworte entschlossen: „Sie gehören mir." Heniek war dabei, verrückt zu werden. Aus Angst erschien ihm die Sache mit den Socken schwerwiegender als seine gegenwärtige Situation. Unbewußt klammerte er sich an etwas Nebensächliches. Warum hat Otto die gleichen Socken wie ich?

Um ihn zu beruhigen, lenkte ich unser Gespräch auf die Arbeit und unsere Freunde in Strzemieszyce. Er ging darauf ein und ich merkte, wie sich die Spannung in ihm löste. Während ich mich um Heniek kümmerte, war ich abgelenkt von meinen eigenen Gefühlen. Erst als es wieder ruhig war, fühlte auch ich die Angst vor dem Ungewissen. Was werden die Nazis mit uns tun?

Heniek und ich wurden ins Durchgangslager Sosnowitz gebracht. Man erlaubte uns, über den Judenrat die Eltern zu verständigen. Vielleicht kann mein Vater mich durch Beziehungen hier rausholen? Nach drei Tagen im Durchgangslager brachten sie uns in das Zwangsarbeitslager Groß-Masselwitz bei Breslau. Das Lager wurde nicht von der SS, sondern von einfacher deutscher Schutzpolizei bewacht. Man führte uns in eine große Halle. Es war eine Art Flugzeughalle. Hier sollten wir schlafen.

Oft dachte ich: „Es kann doch nicht mehr schlimmer kommen. Wir haben doch nichts getan!" Lange wird es nicht mehr dauern, bis Juden und Andersdenkende wieder Menschen mit allen Bürgerrechten sind. Dieser Gedanke gab mir ein wenig Kraft. Jeden Tag machte ich mir neuen Mut, um die nächste Nacht in der kalten Halle hinter mich zu bringen.

Im Zwangsarbeitslager konnte man noch Briefe und Päckchen erhalten. Häftlingskleidung mußten wir nicht tragen. Meine Eltern schickten ein Paket mit Essen, ein paar Kleidungsstücken und Seife. Die Verbindung mit meinen Eltern war sehr wichtig für mich. Obwohl ich sie nicht sehen und sprechen konnte, fühlte ich mich nicht verlassen. Die Hoffnung, meine Eltern und Geschwister wiederzusehen, half mir, die Zeit im Lager ein wenig besser zu ertragen. Was man uns abends zum Essen brachte, bekam ich kaum in meinen Magen. Obwohl der Hunger zunahm, wurde mir jeden Tag übel von dem Geruch, der aus dem Teller hochstieg. Nachts konnte ich nur wenig schlafen. Ich mußte mich an die Flöhe gewöhnen, die uns in der Halle überfielen. Es war unvorstellbar, aber sie kamen in Scharen aus den kleinen Löchern der Betonwände. Und dann die Kälte, die meine Knochen und Muskeln starr werden ließ.

In Groß-Masselwitz mußten wir riesige Flugzeughallen bauen. Ich war einer Gruppe von 18 Arbeitern zugeteilt und hatte die Aufgabe, Betoneisen zu biegen, die für den Bau der Hallen benötigt wurden. Eigentlich war dies keine schwere Arbeit, doch wir hatten nicht genug zu essen und wenig Schlaf. Meine körperliche Verfassung war schlecht und die Arbeit fiel mir sehr schwer. Dazu kam die ständige Angst. Ob ich dieses Gefühl je wieder los werde?

Unter den Häftlingen hatte Herzke das Sagen. Er, der ein ungebildeter einfacher Hilfsarbeiter war, wurde im Lager zu einem mächtigen und gefürchteten Mann. Je brutaler er wurde, desto mehr Macht hatte er über die Häftlinge. Und je mehr Macht er fühlte, umso mehr steigerte er seine Brutalität. Ich versuchte, ihm keinen Anlaß zu geben, seine Gewalt gegen mich zu richten. In einem Brief bat ich meine Mutter, mir im nächsten Paket meine graue Kappe zu schikken. In der Mütze hatte ich vor meiner Verhaftung 20 Reichsmark eingenäht. Sie wußte davon und verstand durch diesen Hinweis, daß ich hier regelmäßig Geld brauchte. So schickte sie mir in den nachfolgenden Paketen immer eine Mütze mit eingenähtem Geld. Jeden zweiten Samstag suchte Herzke „Opfer", die mit ihm Poker spielten. Auch ich spielte mit ihm und verlor extra nach und nach das mitgeschickte Geld. Auf diese Weise war ich Herzke sympathisch geworden und hatte wenig von ihm zu befürchten.

Eines Tages erzählte mir mein Freund Heniek, jemand hätte seine Pantoffeln geklaut. Ich riet ihm, die Pantoffeln zu vergessen und nicht mehr darüber zu reden. Etwa eine Woche später, als ich in der großen Halle saß und der Häftlingsfriseur mir die Haare schnitt, kam Heniek zu mir gelaufen. Aufgeregt erzählte er mir, er hätte den Dieb gefunden. „Der Cousin von Herzke war's", schrie er. Ich beschwor Heniek, nichts gegen den Cousin zu unternehmen, bevor ich nicht mit Herzke gesprochen hätte. Anschließend suchte ich Herzke und erzählte ihm, daß Heniek seine „idiotischen" Pantoffeln zurückverlangte. Herzke war einverstanden. Zusammen gingen wir zu seinem Cousin. Er stand vor seiner Koje, neben ihm mein Freund Heniek und ein deutscher Polizist aus der Wachmannschaft. Heniek, du Idiot, dachte ich, Herzke bringt uns um, wenn seinem Cousin etwas passiert. Mir wurde auf einmal heiß und kalt. Es mußte uns gelingen, den Polizisten von der Unschuld des Cousins zu überzeugen. Ich konnte von allen am besten Deutsch sprechen und machte dem Polizisten klar, daß ich die Pantoffeln an Herzkes Cousin nur ausgeliehen hatte. Heniek und ich bewahrten unsere Sachen in einem Koffer auf, so daß ich jederzeit an die Pantoffeln kommen konnte. Ich versicherte ihm, daß dies die Wahrheit sei, denn auch ich würde keinen Dieb decken wollen. Der Polizist glaubte mir. Wir hatten Glück. Auf Diebstahl stand der Tod. Wäre Herzkes Cousin etwas passiert, hätten Heniek und ich die nächsten Stunden nicht überlebt.

Jom Kippur 1941. Seit meinem 13. Lebensjahr hatte ich diesen höchsten jüdischen Feiertag in der Synagoge verbracht und gefastet. Hier im Zwangsarbeitslager war es ein ganz normaler Arbeitstag. Wenn ich schon arbeiten mußte, so wollte ich wenigstens in der Mittagspause beten und fasten. Sieben anderen Juden aus unserer Gruppe ging es ebenso. Wir vereinbarten mit den restlichen Häftlingen, daß wir acht uns während der Mittagspause alleine in der Baubude aufhalten dürften. So bräuchten wir den anderen nicht beim Essen zuzusehen.

Der zivile deutsche Polier, der unsere Arbeit beaufsichtigte und einteilte, hörte, daß wir fasten wollten. Er stellte vor der Bude einen Kessel mit heißer Suppe auf, kam zu uns herein und sagte, jeder von uns könne heute zum Festtag zwei Teller Suppe bekommen. Der Geruch der Suppe drang bis in unsere Baubude. Es muß im Vergleich zu dem sonstigen Fraß eine besonders gute Suppe gewesen sein, denn mir wurde von dem Geruch nicht schlecht. So ein Schwein, denke ich. Warum muß ein ganz gewöhnlicher Polier, der täglich die Ungerechtigkeit, die uns geschieht mit ansieht, uns so erniedrigen? Er hat seinen Spaß daran. Ich stürze aus der Bude und schreie voller Wut: „Scher dich zum Teufel." Ich fühle mich am Ende, sinke zusammen und bekomme einen Weinkrampf.

Am selben Abend, als wir in unser Quartier gingen, wurde ich zur Schreibstube befohlen. Ich hatte schreckliche Angst, daß ich für den heutigen Vorfall bestraft würde. Doch es geschah ein kleines Wunder. Mein Freund Heniek und ich wurden vom Ghetto Dombrowa als „qualifizierte Arbeiter" angefordert. Wir waren überglücklich. Wie ich später erfuhr, kannte mein Vater den Leiter der jüdischen Bauunternehmung im Ghetto. Es gelang Vater, ihn zu bestechen. Nach etwa vier Monaten im Zwangsarbeitslager kamen wir zurück ins Ghetto Dombrowa.

Wieder im Ghetto

Ich war froh, wieder im Ghetto bei meiner Familie zu sein. Meine Mutter hatte sich in den vier Monaten verändert. Sie war alt und traurig geworden. Die Sorgen, die sie sich machte, als mein Vater im Zwangsarbeitslager war, und jetzt das Bangen um mich, das alles spiegelte sich in ihrem Gesicht. Als wir uns sahen, fielen wir uns wortlos in die Arme und weinten. Wir weinten alle, mein Vater, meine Mutter, meine Schwester, mein Bruder und ich.

Das Ghetto erschien mir nach der Zeit im Zwangsarbeitslager wie ein kleines Paradies. Es war ein Nachhausekommen. An das normale Leben draußen, als freier Bürger mit allen Rechten, dachte ich nicht mehr.

Die jüdische Bauunternehmung, die uns angefordert hatte, war dem Judenrat unterstellt, der wiederum den Anweisungen der Deutschen folgte. Wenn man „jüdische Bauunternehmung" hört, glaubt man, dieses Unternehmen würde nur im Ghetto Bauarbeiten ausführen. Doch nur die Arbeitskräfte waren jüdisch. Juden waren die billigsten Arbeitskräfte, nur das allein zählte. So gut wie alle Arbeiten fanden außerhalb des Ghettos statt. Wir renovierten Häuser und bauten für die Deutschen kleine Produktionsanlagen. Im Ghetto selbst

Otto Schwerdt (rechts) und Bruder Sigi mit einer Freundin nach der Rückkehr aus dem Zwangsarbeitslager, 1941

wurde nahezu nichts erneuert. Den Nazis war es egal, unter welchen Bedingungen wir lebten. Es lag an den Bewohnern selbst, dies oder jenes auszubessern. Doch meist scheiterten die Vorhaben am fehlenden Baumaterial. Man konnte nur verwenden, was man an oder in irgendeinem anderen Haus klaute oder was die Bauunternehmung von den Baustellen draußen organisierte. Tag für Tag verließen wir also das Ghetto, um außerhalb Bauarbeiten und Ausbesserungen durchzuführen.

Irgendwann, ich glaube es war Anfang 1943, schickten sie uns täglich nach Srodula. Srodula war ein kleiner Vorort von Sosnowitz, der direkt an die Stadt grenzte. An einem Hügel standen kleine verlassene Häuser, die wir, so gut es ging, restaurierten. Um das ganze Gebiet verlief ein hoher Zaun. Wir bauten also ein weiteres Ghetto. Das von Sosnowitz reichte nicht mehr aus. Die Deutschen erweiterten es um Srodula. Das neue Ghetto wurde Neu-Srodula genannt. Die Nazis wollten hier die Juden aus den Ghettos der Umgebung zusammenlegen und später deportieren. Im Ghetto Dombrowa fingen sie damit an, zuerst alte Menschen „umzusiedeln". Sie wurden nach Auschwitz deportiert. Es begann ein Kampf um Arbeitsbescheinigungen. Wenn man einen Nachweis hatte, daß man in irgendeinem Unternehmen außerhalb arbeitete oder in einem Ghettobetrieb, der für die Wehrmacht produzierte, wurde man verschont. Vorerst.

Eines Tages tauchte ein Mann auf. Er war Jude. Er behauptete, aus dem Vernichtungslager Treblinka geflüchtet zu sein. Von ihm hörten wir zum erstenmal, daß die Nazis Juden und andere, die ihnen nicht paßten, vergasten. Ich konnte das nicht glauben.

Man kann so etwas nicht glauben. Den Gedanken, daß wir alle vernichtet werden sollten, konnte ich nicht ertragen. Mein Gehirn weigerte sich, allein die Worte zu denken, „die Juden werden vergast". Meine Familie, meine Freunde, all die Juden, die ich kenne, wollen die Deutschen umbringen! Und mich.

Nach ein paar Tagen war der Mann verschwunden. Ich erfuhr, daß er mitten auf der Straße von einem volksdeutschen Polizisten erschossen wurde.

Es war im Mai 1943, als das Ghetto Dombrowa vollkommen aufgelöst wurde. Bis zuletzt arbeitete ich bei der jüdischen Bauunternehmung. Dann hieß es, daß sich alle Juden aus Dombrowa sammeln müßten. Die Hetze nahm kein Ende.

Stark bewacht brachten sie uns zuerst nach Sosnowitz. Von dort kam ein Teil nach Neu-Srodula, die übrigen ins Ghetto von Bedzin. Uns schickte man in das von uns gebaute Ghetto Neu-Srodula. Oft dachte ich, wie erniedrigend es ist, daß die Opfer ihr eigenes Gefängnis bauen. Während der ganzen Zeit des Bauens versuchte ich, diese Gedanken zu verdrängen. Auch das Wissen, nichts gegen die Nazis tun zu können, sich nicht wehren zu können, machte mich mal rasend vor Wut, mal ganz klein und resigniert.

Der Judenrat teilte uns ein Zimmer zu. Lebensmittel bekamen wir nur auf Bezugsschein. Srodula wurde meist von volksdeutschen Polizisten bewacht. Verlassen konnte man das Ghetto nur mit einer Sondergenehmigung. Es dauerte nicht lange, und die Nazis führten in Srodula Razzien durch. Erst etwa alle zwei Wochen, dann wurden die Abstände immer kürzer. Die Juden wurden auf die Straße befohlen. Dann selektierten SS-Männer die Menschen. Bei solch einer Selektion teilten sie die Menschen in vier Gruppen ein: erstens diejenigen, die bleiben durften, da sie in kriegswichtigen Fabriken arbeiteten; dann die Gruppe, die für verschiedene Zwangsarbeitslager in Deutschland ausgewählt wurde; drittens diejenigen, die ins Vernichtungslager Auschwitz geschickt wurden und schließlich welche, die weiterhin im Ghetto bleiben durften. Warum sie dies durften, wußte keiner.

Die Menschen im Ghetto bauten sich kleine Bunker in ihren Kellern, damit sie sich bei der nächsten Razzia verstecken konnten. Sie teilten die Keller und zogen eine Zwischenwand ein, hinter der man sich verbergen konnte. Doch die Chance, unentdeckt zu bleiben, war winzig klein.

Am Sonntag, den 1. August 1943 begannen die Deutschen mit der vollkommenen Auflösung des Ghettos Srodula. Sie hatten zuvor nie einen Sonntag für eine Razzia ausgewählt. Um Mitternacht umstellten die SS, die Wehrmacht und die volksdeutsche Polizei das Ghetto. Mit Lautsprechern gingen sie durch die Straßen und brüllten: „Alle Juden raus!" Zwischendurch hörten wir Schüsse, explodierende Handgranaten und Schreie. Sie und leider auch die jüdische Polizei trieben die Menschen aus ihren Wohnungen auf einen Sammelplatz.

Wir alle haben furchtbare Angst. Es geht alles durcheinander. Keiner von uns kann einen klaren Gedanken fassen. „Wir müssen raus, sonst kommen sie ins Zimmer und erschießen uns!", schreit mein Vater.

Wo sind die Koffer? Meine Mutter hatte für jeden von uns einen kleinen Koffer mit dem Allernötigsten griffbereit. Jeder zieht schnell noch eine Jacke über und greift nach seinem Koffer. Es geht so schnell. Ich spüre meinen Puls ganz oben am Hals, kräftig und laut. Von den anderen Zimmern im Haus höre ich aufgeregtes Reden, Schreien und Weinen. Unsere Nachbarn laufen nach unten. Mein Vater und meine Mutter umarmen sich wortlos. Dann dreht sich meine Mutter zu Meta, Sigi und mir und umarmt uns. Wir können kein Wort sagen.

„Schnell", ruft mein Vater, „ runter". Wir hasten die Treppe hinunter, mit unserem kleinen Koffer in der Hand, durch die Haustür und bleiben vor dem Haus stehen. Plötzlich ist keine Hektik mehr unter uns, nur noch unvorstellbare, grausame Angst.

Wir selbst können nichts mehr tun. Wir können nur warten, was sie mit uns tun werden. Wir sehen Menschen auf uns zukommen. In der Mitte die Zusammengetriebenen, links und rechts die Bewacher mit ihren Waffen. Dazwischen laufen Kinder ziellos hin und her. Sie weinen und suchen nach ihren Eltern. Viele dieser Kinder sterben in dieser Nacht.

Hinter den Gefangenen ist noch ein Trupp, der die schon verlassenen Häuser durchsucht. Wieder Schüsse, Weinen und Gebrüll. Zwei Häuser weiter haben sich einige Menschen versteckt, sie werden entdeckt.

Jetzt kommt unser Haus dran. Wir stehen immer noch vor unserem Haus. Ich sehe meinen Vater an und frage: „Soll ich abhauen, wenn ich kann?"

„Junge, ich kann Dir nicht helfen. Wenn Du eine Chance siehst, mußt Du selbst entscheiden", antwortet er mir, dreht sich zu meiner Mutter und nimmt ihre Hand. Meine Eltern, Sigi und Meta gehen vor zur Straße in die Reihe der Gefangenen. Ich bleibe ein Stück hinter ihnen. Die Männer des Durchsuchungstrupps gehen zu den anderen Bewachern hinüber. Für einen Augenblick drehen sie uns den Rücken zu und sprechen miteinander.

Das Haus, aus dem sie kamen, hat doch noch einen Seiteneingang, schießt es durch meinen Kopf. Ohne weiter nachzudenken, laufe ich los. Geduckt. Ich muß in den Seiteneingang dieses Hauses rein. Ich renne und denke: „Gleich spüre ich die Schüsse in meinem Rücken oder in meinem Kopf." Doch ich laufe einfach gebückt weiter, ohne mich umzudrehen. Meine Bewegungen kommen mir extrem langsam vor. Es ist, als wäre Watte um mich, die alles dämpft.

„Warum spüre ich die Schüsse nicht?" Es scheint ewig zu dauern, bis ich den Seiteneingang des Hauses erreiche.

Ich bin drin. Leise laufe ich die Treppen hoch bis zum Dachboden und verkrieche mich in einer Ecke. Nach einer Weile wird das Gebrüll der SS und das Schreien und Weinen der Opfer immer leiser. Dann ist es still. Das Haus ist schon durchsucht worden. Außer mir ist keiner mehr hier. Vielleicht schaffe ich es. Ich denke an meine Familie. Wie konnte ich wissen, daß ich meine Mutter und meine Schwester in dieser Nacht das letzte Mal gesehen hatte?

Ich verbringe die ganze Nacht auf dem Dachboden. Bei jedem Geräusch zucke ich zusammen und versuche herauszuhören, was es ist. Ich höre leise Stimmen. Unter mir in der Wohnung ist doch noch jemand.

Ich fühle mich wie ein gejagtes Tier. Die Anspannung und die Angst lassen meinen Körper erstarren. Ich kann keine klaren Gedanken fassen. Nichts Geordnetes. Alles ist durcheinander. Ich frage mich, ob ich meine Familie je wieder finden kann, ob ich hier entdeckt werde? Und wenn ich nicht entdeckt werde? Wie soll ich hier überleben? Werde ich überhaupt weiterleben? Nur noch Fragen, auf die ich keine Antwort finde.

In dieser Nacht fühle ich mich so verlassen wie noch nie in meinem Leben. In dieser Nacht wünsche ich mir zum ersten Mal, tot zu sein. Nichts mehr hören müssen, keine Schreie, kein Gebrüll. Kein Bangen mehr um meine Familie, keine Angst mehr vor Schmerzen, keine Angst vor dem Tod. Nichts mehr spüren. Der Tod würde alles lösen.

Gegen Morgen wecken mich die Stimmen der SS. Sie reißen mich aus meinem Todestraum. Ich bin wieder bei mir. Ich habe es doch nicht getan, geht es durch meinen Kopf.

Die SS durchsucht nochmal die Häuser. Im Stockwerk unter mir beginnen Kinder leise zu weinen. Meine Gedanken werden wieder klarer, und ich beginne den Überlebenskampf von neuem, obwohl ich mir noch vor wenigen Stunden nichts mehr wünschte als den Tod.

Ich weiß, daß ich keine Chance habe, unentdeckt zu bleiben und komme vom Dachboden herunter. Ich gehe in die Wohnung, aus der ich die Stimmen hörte. Es ist eine Familie mit zwei kleinen Kindern, die sich über Nacht versteckt hatten. Wir hören Stimmen. Die Nazis kommen wieder. Wir sind ganz still. Selbst die kleinen Kinder hören auf zu weinen. Zwei bewaffnete SS-Männer gehen durch die

Wohnungstür und bleiben vor uns stehen. Auch sie sind ganz still. Sie machen eine Vorwärtsbewegung mit dem Gewehr, die uns zu verstehen gibt: „Kommt jetzt!" Einen Moment denke ich, wir tun ihnen leid.

Sie führen uns auf einen Platz, auf dem schon etwa 100 Gefangene stehen. Ich sehe einen älteren Mann tot in seiner Blutlache liegen. Er hatte sich die Pulsadern aufgeschnitten. Ein SS-Mann will sich vergewissern, daß er wirklich tot ist und stochert mit seinem Gewehr an ihm herum. Dieser tote Jude hatte denselben Traum wie ich. Er träumte ihn zu Ende.

Unter den Häftlingen erblicke ich Herrn Berliner, seine Frau und seinen zehnjährigen blonden Sohn.

Man brachte uns alle nach Bedzin. Wir wurden in einen größeren Raum geführt, in dem schon einige Menschen auf dem Boden saßen. Hier traf ich meinen Freund Schlamek Metz, den ich in der zionistischen Organisation in Dombrowa kennengelernt hatte. Auch der Junge Miodownik und das Mädchen Rushka, beides Freunde aus dem Ghetto, waren hier. Meine Freunde wiederzusehen, obwohl ihre Lage genau wie meine hoffnungslos war, erleichterte mich im Moment. Ich fühlte mich sicherer.

In dem Raum saß ein Ehepaar, das sich eng umarmte. Der Mann weinte schrecklich. Um ihn zu beruhigen, gingen wir zu ihm hinüber. Er erzählte uns, warum er so verzweifelt war: Er, seine Frau und sein kleiner Sohn versteckten sich im selbstgebauten Bunker im Keller. Der kleine Säugling weinte gerade, als sie die Stimmen und Schritte der SS-Leute näher kommen hörten. Das Kind ließ sich nicht beruhigen. Um nicht entdeckt zu werden, hielt der Vater ihm die Hand vor den Mund. Sein kleiner Sohn ist erstickt, ohne daß er es merkte. Der Mann stammelte nun immerzu vor sich hin: „Ich habe mein eigenes Kind umgebracht!". Es war schrecklich für mich, diesem verzweifelten Mann, der sein Kind über alles geliebt hatte und nichts Böses wollte, der nur mit seiner Familie in Frieden leben wollte, nicht helfen zu können. Meine Freunde und ich wollten ihn trösten und sagten ihm, daß die Deutschen den Kleinen umgebracht hätten und ihm so viel Leid von den Schändern und Mördern erspart geblieben wäre. Wir fühlten, daß dies ein schlechter Trost war, doch wir waren hilflos. Der Mann hörte nie mehr auf zu weinen.

Zusammen mit etwa 150 anderen Menschen verbrachte ich die Nacht in dem Raum. Am Morgen trieb uns die SS auf die Straße.

Wir mußten einige Zeit gehen und kamen an ein Gleis. Hier standen Güterwaggons. Wir wurden in einen Waggon hineingestopft.

Ich kann mich nicht mehr bewegen. Der Junge Miodownik erhascht einen Platz an der Luke. So kann er hinausschauen und bekommt mehr Luft. Plötzlich dreht er sich um und schreit: „Paßt auf!" Fast im gleichen Moment höre ich den Schuß. Miodowniks Kopf ist blutüberströmt. Er ist sofort tot. Ich bin wie versteinert. Ich begreife gar nicht so schnell, was geschehen ist. Alle im Waggon haben einen Schock.

Miodownik fiel nicht um, er hing leblos und blutverschmiert zwischen den anderen. Miodownik, der Junge aus dem Ghetto Dombrowa, war 16 Jahre alt, als er ermordet wurde.

Wir hörten, wie die anderen Waggons mit Menschen beladen wurden. Dann fuhr der Zug los. Ich weiß nicht mehr, wie lange es dauerte, bis er sein Ziel erreicht hatte. Auschwitz-Birkenau.

Leben in der Finsternis

Der Zug fährt schon eine Weile langsamer. Es ist unerträglich heiß. Ich habe das Gefühl, zu ersticken. Um mehr Luft zu bekommen, recke ich meinen Kopf soweit es geht nach oben, das Gesicht zur Waggondecke gerichtet. Das Stöhnen und heftige Atmen der anderen treibt mich an. Als gäben sie den Takt an. Immer schneller Luft holen, immer schneller. Mir wird schwindlig.

Der Zug wird noch langsamer. Keiner wagt es, seinen Blick aus der Luke zu richten. Die Angst steckt in uns. Man kann sie fühlen, riechen, hören und in den Gesichtern der Menschen sehen. Andere sind wie versteinert. Wir haben Todesangst.

Die anderen: Miodownik ist tot. Einige in dem Waggon haben die Fahrt nicht überlebt, sie sind leise gestorben. Keiner konnte etwas dagegen tun.

Der Zug bleibt stehen. Die, die noch leben, geben jetzt keinen Laut von sich. Es ist unerträglich ruhig. Ich höre nur noch das schwere Atmen der anderen. Wo sind wir, und was wird mit uns geschehen? Diese Frage hämmert in meinem Kopf. Die Angst wird immer größer. Ich sehne mich nach meiner Mutter.

Auschwitz-Birkenau

An den vorderen Waggons schieben sie die Türen auf. Durch die Waggonwand gedämpft – Schreie, Weinen, Gebrüll. Ich höre Stimmen, die ich nie mehr vergessen werde. Unsere Tür wird aufgerissen. Plötzlich ist alles ganz laut.

„Raus, raus!", schreien die SS-Männer. „Schneller!" Sie ziehen uns aus den Waggons. Häftlinge in gestreiften Kleidern und mit rasierten Köpfen helfen der SS, uns nach draußen zu treiben. Ihre Gesichter sind grau und leer. Was haben sie hier schon alles gesehen und erlebt, daß sie so mechanisch, ja fast teilnahmslos mit uns umgehen? Es ist, als würden sie durch uns hindurch sehen. Sie nehmen uns nicht wahr.

Mit der letzten Kraft springe ich aus dem Waggon. Zurück bleiben die Toten. Wie Vieh, das auf dem Transport zum Schlachthof verendet ist, liegen die Körper auf dem Boden des Güterwaggons.

Gebrüll und hektische Stimmen. „Hier stehenbleiben!" Wir stehen an der Rampe von Auschwitz-Birkenau. Wir stehen da. Verlassen.

Ein SS-Arzt geht musternd an uns vorbei. Dann dreht er sich um und stellt sich vor uns hin. Jetzt müssen wir langsam an ihm vorbeigehen. Bei jedem einzelnen zeigt er mit dem Finger nach rechts oder nach links. Das ist die erste Selektion.

Ältere Menschen, zierlich und schwach Aussehende, Mütter mit Kindern schickt er auf die linke Seite. Junge, noch kräftig aussehende Menschen auf die rechte Seite, nach Frauen und Männern getrennt. Die kahlköpfigen Häftlinge tragen die toten Leiber aus den Waggons und legen sie neben die linke Menschenreihe auf den Boden. Pötzlich ist es mir klar. Links bedeutet Tod, rechts Leben. Rechts Arbeitslager, links Gas.

Rechts, links, links, links, rechts, zeigt der SS-Mann. So einfach ist das für die Herrenmenschen.

Der Mann, der damals in Dombrowa auftauchte und von den Vergasungen in Treblinka erzählte, hatte recht. Sie tun es. Sie tun es wirklich. Sie vergasen Menschen.

Jetzt nehme ich zum erstenmal den süßlichen Gestank wahr, der in der Luft hängt. In meinem Kopf fügt es sich zusammen. Erst vergasen sie die Menschen, dann verbrennen sie die Leichen. Und das alles im Namen eines höheren deutschen Ziels!

An der Rampe stehen Militärfahrzeuge, mit dem Roten Kreuz an den Seitenflächen. Männer und Frauen der linken Reihe, die zu schwach sind, um selbst zu gehen, werden von den Mördern im Krankenwagen zur Gaskammer gefahren.

Die Nazis zwingen Mütter, die für die rechte Seite ausgewählt wurden, ihre Kleinkinder loszulassen. Die Frauen weinen, schreien und flehen. SS-Männer reißen die Kinder aus ihren Händen. Ich kann mit Worten nicht beschreiben, was in mir vorgeht, als ich das sehe. Die Nazis sind keine Menschen mehr. Sie reißen den Müttern ihr Herz aus dem Leib. Sie zeigen keine Regung, wenn sie in die angstvollen, bittenden Kinderaugen sehen. Sie hören die Schreie und zerren weiter an den Kindern. Die Tränen schnüren mir den Hals zu. Es ist, als fühlte ich die Welt untergehen, als stürbe jeder Glaube und jede Hoffnung in diesem Moment.

Doch nicht die Kinder, nicht die kleinen Kinder!

Kein Flehen, kein Bitten, kein Widerstand helfen. Der SS-Mann ist nur noch ein paar Körper von mir entfernt. Rechts, rechts, links,

links, links. Ich nehme nur noch seine Hand wahr, wie sie von links nach rechts und wieder nach links zeigt. Er steht vor mir. Ich kann nicht mehr atmen!

Rechts.

Langsam löst sich der Druck in meinem Körper und in meinem Kopf. Ich drehe mich um. Was geschieht mit Schlamek? Er ist „vier Menschen" von mir entfernt und sieht mich an. Auch er steht rechts. Und Rushka? Sie ist in der rechten Reihe bei den Frauen.

Rechts wie Leben. Leben und Finsternis.

Da ist Herr Berliner mit seinem Sohn. Der SS-Arzt sieht Berliner an und zeigt nach rechts. Seinen Sohn schickt er nach links ins Gas. Berliner geht sofort auch nach links.

„Dein Sohn ist sowieso schon Asche, du aber kannst noch leben. Also los, rüber", fordert der SS-Mann. Berliner geht nicht nach rechts, er läßt seinen Sohn nicht allein. Sie werden vergast.

Ich kann Herrn Berliner und seinen Sohn nicht vergessen. Im Traum sehe ich mich an der Rampe stehen, meine drei Kinder an der Hand. Genau wie ihn zwingt mich die SS, meine Töchter Eti und Mascha und meinen Sohn Roni alleine zu lassen. Ich wehre mich, ich spüre den Schmerz und wache schweißgebadet auf. Was würde ich in dieser Situation tun? Ich sah Menschen, die nicht die Kraft von Herrn Berliner hatten. Die Todesangst war zu groß. Einige, die überlebten, verzweifelten daran. Wer könnte über diese Menschen richten? Wer könnte sagen, „ich lasse meine Kinder nie allein, selbst wenn es den eigenen Tod bedeutet?"

Wenn ich heute aus diesem Alptraum aufwache, bin ich dankbar, damals nur für mich alleine verantwortlich gewesen zu sein und nie vor dieser Entscheidung gestanden zu haben.

Die Mörder treiben uns voran. Einige Häftlinge gehen nicht sofort los oder fallen hin. Mit Fußtritten und Gewehrkolbenschlägen helfen die SS-Männer ihnen auf. Wir müssen in einen großen Raum gehen und uns nackt ausziehen. Unsere Kleider legen wir auf den Boden. Zwischen uns gehen Häftlinge des „Begrüßungskommandos" hin und her. Sie müssen dem neu angekommenen Menschenmaterial die letzten Habseligkeiten nehmen. Ein junger Häftling geht gebückt an mir vorbei. Er nimmt meine Kleidung auf. Leise flüstert er mir und den anderen zu: „Gebt uns, was ihr habt. Die Nazi-Schweine nehmen euch sowieso alles weg!" Einige geben ihm die letzten Wertsachen, die sie bis hierher retten konnten. Andere weigern sich.

Sie verstecken Diamanten oder Goldstücke in ihren Körperöffnungen. Während der ganzen Zeit sind SS-Leute mit ihren Waffen im Raum. Nun stehen wir nackt vor ihnen. Es ist demütigend. Nackt vor den Mördern zu stehen ist wie meine eigene Auflösung.

Dann müssen wir uns in einer Reihe aufstellen. Wir werden rasiert. Häftlinge scheren unser Kopfhaar bis auf wenige Millimeter. In der Mitte ein kahler Streifen. Sie nennen ihn Läusestraße. Auch die Schamhaare und die Haare am After rasieren sie. Dabei suchen einige SS-Männer in den Aftern der Häftlinge nach versteckten Wertgegenständen. Ich bete in Gedanken, daß sie dies nicht auch bei mir tun.

Schlamek und ich versuchen, uns, wann immer es geht, an den Händen zu halten. Wir beide brauchen die gegenseitige Berührung und Nähe.

„Schnell, schnell", rufen die Kapos und die SS. Nackt müssen wir in einen großen Duschraum laufen. Von der Decke hängen die Duschköpfe herab.

„In den Duschen werden die Menschen vergast", sagt eine Stimme. Für einen kurzen Augenblick denke ich, mich geirrt zu haben – sie töten uns doch. Nein, es kann nicht sein, denn der Kapo ist auch im Raum. Sie besprühen uns mit DDT.

Die Demütigungen reichen immer noch nicht. Häftlinge müssen jedem von uns eine Häftlingsnummer in den Unterarm eintätowieren. Die Nazis machen ein „Stück Fleisch" aus uns. Wie Vieh wird uns ein Zeichen eingebrannt. Freigegeben zum Auspressen der letzten verbleibenden Kraft! Freigegeben zum Erniedrigen, freigegeben zum Quälen, freigegeben zum Töten.

Ich zittere am ganzen Körper. „Freigegeben" schreit eine Stimme in meinem Gehirn. Ich spüre die Tätowierungsnadel in meinem Unterarm, doch es tut nicht weh. Die Schmerzen sind anderswo.

Meine Seele schmerzt wie nie zuvor. Der blutüberströmte Miodownik, die vielen Toten, die weinenden Kinder und Mütter, die Angst, die nicht weichen will und die grausame Hilflosigkeit. Es tut so weh, ich kann es nicht beschreiben. Mein Herz, mein Kopf, mein Körper, ich, Otto Jehoschua Schwerdt, werde zerrissen. Ich höre auf zu existieren.

Freigegeben! Mit jeder Ziffer, die sie in meinen Arm ritzen, wird die Stimme in meinem Gehirn kräftiger.

Freigegeben!

Das Stück Mensch 133716 ist freigegeben.

Ich halte das Aufbäumen meiner Seele nicht mehr aus. Jetzt auf einen SS-Mann zulaufen und ihm ins Gesicht spucken – ein Schuß, oder vielleicht schlagen sie mir den Schädel ein. Vorbei. Ich wäre tot und hätte es hinter mir.

Der Junge Miodownik taucht vor mir auf. Er lächelt.

„Dich haben sie schon so weit. Komm zu mir", ruft er mir sanft zu und winkt. Einen kleinen Moment noch! Wozu? Otto, komm zu mir!

„Warte, gib mir die Hand, Miodownik."

„Willst Du mich bestechen?", brüllt der SS-Mann und schlägt auf einen nackten Häftling ein. Der Mann fragte, ob er nicht sein Taschentuch behalten könne.

Ich bin wieder in der deutsch-jüdischen Realität.

Schlamek versucht mit mir zu reden. Er rüttelt an mir, wie an einem Irrsinnigen. Er holt meinen Verstand zurück. Verwirrt blicke ich ihn an, denn im ersten Augenblick weiß ich nicht, wo ich mich befinde. In den vergangen Minuten habe ich nichts um mich herum wahrgenommen. Alles in mir wollte auf die linke Seite.

Nein, nicht alles. Etwas sträubt sich noch. Wenn die Sehnsucht nach dem Tod am größten ist, beginnt es sich zu wehren. Ich will mit aller Kraft hinübergehen, schaffe aber den allerletzten Schritt nicht. Was ist es, was mich aus der tiefsten Verzweiflung wieder zurückholt?

Es ist, als suche mein Innerstes nach einem Weg. Tod oder Leben? Wofür soll es sich entscheiden?

Nackt stehe ich vor ihnen. Die Nazis haben mir alles genommen, was mir lieb und wichtig war. Meine Familie, meine Freunde, meine Menschenwürde. Was können sie mir noch antun? Miodownik lächelte mir zu. Ich muß also keine Angst vor dem Tod haben. Langsam wird mir klar, welchen Weg ich zu gehen versuche. Ich muß lernen, mit dem Leid und den Grausamkeiten umzugehen, die ich täglich sehen und auch erleben werde. Meine Seele darf daran nicht zerbrechen. Ich muß sie schützen. Wenn mein Körper und mein Geist aufgeben wollen, soll sie mich wieder zurückholen. Jeden Tag muß ich versuchen, den nächsten durchzustehen. Ich weiß noch nicht, was mich hier in Auschwitz erwarten wird.

Ich weiß nicht, ob ich überleben werde, aber ich sollte es wenigstens versuchen. Miodownik ist bei mir. Ich muß von dir erzählen, Miodownik, wenn alles vorbei ist, und es wird irgendwann vorbei sein.

Nackt stehen wir in einer Reihe. Ein Häftling schaut jedem von uns in den Mund. In einer Liste muß er das Zahngold neben der Häftlingsnummer vermerken. SS-Leute stehen daneben. Jemand wirft mir Kleidung zu. Keine Häftlingskleidung, sondern abgetragene Zivilkleidung. Sie achten dabei nicht auf die Größen. Die Hose, die ich anziehen muß, ist zu kurz und viel zu weit. Damit ich sie nicht verliere, halte ich sie immer mit einer Hand am Bund zu. Später finde ich eine Schnur, die ich als Gürtel benutze. Ich wundere mich, daß wir keine gestreifte Häftlingskleidung bekommen.

Schlamek weicht nicht von meiner Seite. Ich sehe ihn an und erschrecke. Er hat viel zu große Kleider bekommen und sieht aus, als stecke er in einem grauen Sack, aus dem er nur mühsam seine Arme befreien kann. Er sieht seltsam fremd für mich aus. Den Kopf in der Mitte rasiert, die Nummer auf seinem Arm und sein Blick so fern. Woran mag er wohl gerade denken?

Ich blicke mich nach den anderen Häftlingen um. Alle sehen gleich aus. Gesichter, die durch die abrasierten Kopfhaare viel größer erscheinen. Größer und trauriger, angstvoller und resignierter. Es ist gut, daß ich mein Gesicht nicht sehen kann.

„Los jetzt!", brüllt ein Wachmann. In Zweierreihen gehen wir los. Da ist das Tor von Auschwitz-Birkenau und die Gleise, auf denen die Züge hereinfahren. Endstation für immer mehr Menschenmaterial. Noch vor dem Tor biegen wir nach links ins Quarantänelager, einem neuen Teillager innerhalb von Auschwitz.

Das Quarantänelager bestand aus 16 großen Holzbaracken und zwei Latrinen- und Waschbaracken. Die Baracken standen parallel nebeneinander. Um das Teillager verlief ein elektrischer Zaun. Schlamek und mich brachten sie in Block 14.

Jeder Block hatte einen Blockältesten, der in den meisten Fällen ein Jude war. Man mußte Glück haben, in welchen Block man kam, denn es gab auch Bestien und Schinder unter den Blockältesten. Der Blockälteste von Block 14 gehörte zu der besseren Sorte, er hieß Leon und war ein französischer Jude.

Am Eingang der Baracke war die Nische des Blockältesten und dessen Schreibers. In der Mitte des Blocks zog sich ein Steinofen entlang. Wenn es kalt war, konnte er vorne am Eingang des Blocks angefeuert werden und die warme Luft strömte dann aus den Öffnungen in der Steinmauer. Links und rechts davon waren die Kojen der Häftlinge. Sie waren bis zu drei Stock hoch und fünf Pritschen breit, mit Stroh gefüllt. Jeder von uns bekam eine Decke. In Block 14 wurden bis zu 400 Menschen hineingepfercht. Nachts lagen unsere Körper aneinander gedrängt.

Abends bekamen wir Essen. Schlamek und ich gingen vor den Block und hockten uns an eine Seitenwand. Gierig schlangen wir das Brot und die Suppe hinunter. Aß man zu langsam, konnte es sein, daß andere Häftlinge versuchten, das Brot zu bekommen. Manchen war dazu jedes Mittel recht. Sie schlugen und kämpften. Nachts töteten sie sogar wegen eines Stückchens Brot. Es geschieht, wenn der Körper und der Geist geschwächt sind, wenn die Angst dem Hunger weicht, wenn menschliche Gefühle dem Hunger nicht standhalten können. Moral und Mitgefühl existieren nicht mehr.

Plötzlich ruft jemand meinen Namen. Ich kenne die Stimme. Ich sehe meinen Bruder Sigi auf mich zukommen. Wir fallen uns in die Arme. Sigi lebt. Mein kleiner Bruder lebt. Ich bin so glücklich. Ich kann ihn nicht mehr loslassen.

Und die anderen, wo sind die anderen meiner Familie? Mein Bruder geht mit mir zu Block 16 des Quarantänelagers. Ich sehe meinen Vater. Wie sehr ich mich nach ihm gesehnt habe. Ich fange an zu weinen und möchte nicht mehr aufhören. Jeder streichelt dem anderen zärtlich über den rasierten Kopf. Ihre Gesichter, ihre Stimmen, ihr Geruch – sie sind so vertraut und schön für mich, wie nie zuvor. Ich will in ihnen versinken und nicht mehr auftauchen. Wie sie wirklich aussehen, sehe ich in diesem Augenblick nicht. Nachdem wir uns beruhigt hatten und wieder reden konnten, erzählten wir einander, wie wir hierher kamen.

Als das Ghetto aufgelöst wurde, brachte man meine Eltern und meine Geschwister noch in derselben Nacht an den Bahnhof. Die Nazis luden die Menschen in Güterwaggons. Der Transport fuhr nach Auschwitz-Birkenau. Meine Mutter und meine Schwester kamen ins Frauenlager.

An der Rampe wurde mein Vater bei der ersten Selektion in die linke Reihe geschickt. Mein Bruder in die rechte. Durch die nachfolgenden Menschen der linken Reihe wurde mein Vater immer weiter nach vorne geschoben. Die rechte Reihe bewegte sich langsamer. Dazwischen lagen ein paar Meter, die das Leben bedeuteten. Mein Vater hatte in seiner Jackentasche noch ein Stück Brot. Er drehte sich um und versuchte Sigi unter den Häftlingen zu erblicken. Er sah ihn und hob das Brot in seiner Hand hoch. Er wollte es Sigi geben.

Sigi rief sofort: „Bring mir das Brot, Vater" und winkte ihm verhalten zu. Mein Vater ging ohne Angst und ohne auf jemanden zu achten in die rechte Reihe. Er blieb am Rand stehen und wartete, bis mein Bruder in seiner Höhe war. Er gab Sigi das Brot und wollte sich wieder links einreihen, doch mein Bruder hielt ihn fest.

„Bleib hier, halte den Kopf nach unten." Gebeugt ging mein Vater neben meinem Bruder weiter. Es war ein Wunder, ein richtiges Wunder. Mein Vater ging hinüber auf die rechte Seite, vom Tod zum Leben. Sie kamen beide in Block 16 des Quarantänelagers.

Als Sigi mir das alles erzählte, strahlten seine Augen. Er war so geistesgegenwärtig gewesen und hatte Vater das Leben gerettet. Ich liebe ihn sehr dafür. Hätte ich das gleiche doch später für meinen Bruder tun können!

Mein Vater, Sigi und ich gingen zu den Blockältesten der Blöcke 14 und 16 und baten sie, uns zusammen in Block 14 zu legen. Wir könnten uns so gegenseitig besser helfen. Sie willigten ein.

Die Nächte im Block waren schrecklich. Es war sehr heiß. Der Geruch von Schweiß und Erbrochenem wurde unerträglich für mich. Die Nächte waren gefährlich. Die Hitze, der Hunger und die Angst machten die Häftlinge nervös und gereizt. Nachts stritten sie sich um ein Stück Brot oder ein falsch gesprochenes Wort. All dies geschah leise, denn wir mußten nachts still sein. War jemand zu laut, straften ihn die Stubendienste mit Schlägen.

Unsere Kleidung wurde nie gewechselt. Waschen konnten wir sie und uns selbst nur ganz selten. Die Latrinen des Quarantänelagers waren in zwei Holzbaracken untergebracht. Es war eigentlich kein Klo, es waren nur Stangen angebracht, auf die man sich setzen mußte. Der Latrinen-Kapo stand mit einem Stock daneben und trieb die Häftlinge zur Eile an. Es war ein Wettlauf ums Austreten. Ging es den Kapos zu langsam, benutzten sie ihre Fäuste oder Stöcke. Sie stießen sogar Häftlinge in die Grube. Die Menschen erstickten darin. Hatte ein Häftling Durchfall, war er eigentlich schon tot. Wenn ihn die Nazis oder Kapos nicht in seinem eigenen Dreck umbrachten, gaben ihm das schlechte Essen und die unhygienischen Verhältnisse den Rest.

Wie kann ich das hier nur aushalten?

Wie lange kann ich den Hunger, die Enge, den Gestank, die Brutalitäten und den ständig gegenwärtigen Tod ertragen?

Tagsüber wurden wir auf ein Gelände innerhalb des Lagers geführt und mußten ein tiefes Loch graben. Als es tief genug war, zwang man uns, daneben ein neues Loch zu graben und das erste mit der Erde des zweiten Lochs zuzuschütten. So ging es jeden Tag. Ein Loch auf, das andere zu, ohne Ende. Es war sehr heiß und wir hatten keine Kopfbedeckung. Einige hielten die Hitze nicht mehr aus und gossen sich Wasser über den Kopf. Dadurch wurden die Köpfe in der prallen Sonne immer röter und größer. Graben und graben, auf und zu. Die Köpfe schwollen zu großen Ballons an. Andere versuchten, sie davon abzuhalten, weiter Wasser über ihre Köpfe zu gießen. Doch man sah, daß es bei vielen keinen Sinn mehr hatte. Manche schafften es, mit so einem Kopf etwa zwei Wochen durchzuhalten. Dann starben sie. Wenige erholten sich soweit, daß die Schwellungen zurückgingen. Einige überlebten die nächste Nacht nicht mehr.

Die Mörder fanden den Anblick der Grabenden, langsam Sterbenden sehr amüsant. Sie lachten und dachten sich immer neue Vergleiche zu den roten, aufgeblasenen, gleich die Besinnung verlierenden Köpfen aus.

Ich werde diese Bilder nicht mehr los. Sie verfolgen mich mein Leben lang.

Während ich das Loch aushebe, denke ich immer wieder dasselbe: „Ich grabe weiter, ich halte durch und werde es überstehen." Mein Körper gräbt gleichgültig weiter. Ich erinnere mich an schöne Erlebnisse mit meinen Freunden und meiner Familie. Ich erinnere mich an die Zeit mit meinen Großeltern in Peczenizyn. In Gedanken zähle ich die Geschwister meiner Mutter auf. Sara, Eduard, Anna, Gustav, Chaim, Mendel und Salomon. Ich schmunzle ein wenig, wenn ich mir die „Ausreisegeschichte" von Onkel Salomon erzähle. Jeden Tag lege ich mir in meinem Kopf die Geschichte mit unserem Lottogewinn zurecht.

Ich stehe vor dem ausgehobenen Loch. Erinnerungen an früher und die Realität in Auschwitz wechseln sich in meinem Kopf ab. Mein Geist versucht anderswo zu sein, und das ist gut so. Wären nicht nur mein Körper, sondern auch meine Gedanken und Gefühle ständig hier, so müßte ich sterben.

Nicht über Auschwitz nachdenken, keine Gefühle zulassen, nicht zuviel Mitleid empfinden. Ich darf das, was hier geschieht, nicht an mich heranlassen. Ich muß diese Strategie so verinnerlichen, wie die

Häftlinge es taten, die uns aus dem Waggon zogen. Sie sahen durch uns hindurch. Sie würden es nicht ertragen, wenn sie jeden Tag wirklich sehen, was geschieht. Jeden Tag müssen sie Menschen aus den Waggons laden. Jeden Tag treiben die Nazis Menschen in die Gaskammern. Jeden Tag brennen die Öfen. Jeden Tag.

Ich glaube, man kann es nicht überleben, wenn man es wirklich sieht. Ich muß mir in meinem Kopf meine Welt bauen. Ich kann nicht mit allen Gefangenen fühlen, ich kann jetzt nicht über das Leid aller Juden nachdenken. Ich lasse niemand und nichts an mein Innerstes.

Abends gaben sie uns ein kleines Stück Brot und einen Teller voll dünner Suppe. Es war immer zu wenig. Wir hatten ständig Hunger. In unseren Gedanken stellten wir uns die seltsamsten Gerichte zusammen. Eine Gans, daneben ein Glas Marmelade, dann „gefillte Fisch" und ein riesiges Stück Schokolade. Ein Lebensmittel paßte zwar nicht zum anderen, doch es störte uns nicht. Wird das Hungergefühl übermächtig, ruft das Gehirn wahllos die kuriosesten Bilder ab.

Morgens und abends führte ein Blockführer den Appell im Quarantänelager durch. Ein Blockführer war für eine bestimmte Anzahl von Blöcken verantwortlich. Er hatte den niedrigsten SS-Rang, den es hier in Auschwitz-Birkenau gab. Wir mußten uns auf dem Appellplatz vor dem Block in Fünferreihen aufstellen. Häftlinge, die in der Nacht gestorben waren, legten wir neben uns auf den Boden. Wenn der SS-Mann an den einzelnen Blöcken vorbei kam, trat der jeweilige Blockälteste hervor. Er mußte ihm in Soldatenmanier Meldung machen. Er gab an, wie viele Menschen in dem Block noch lebten und wie viele Tote es gab. Wie lange wir beim Appell stehen mußten, war von der momentanen Laune des Blockführers abhängig.

Wir stehen schon einige Stunden auf dem Appellplatz. Heute morgen hat die Häftlingszahl nicht gestimmt. Die Nazis suchen die Fehlenden. Einige, die sich nicht mehr auf den Beinen halten können, fallen vor Erschöpfung auf die Erde.

„Aufstehen! Hoch! Hoch, auf die Beine!", brüllen die Kapos und prügeln auf sie ein. Manche Häftlinge schaffen es, wieder aufzustehen. Ich nehme all meine Kraft zusammen und bleibe stehen.

Einmal ging ein Blockführer beim Abendappell auf unseren Blockältesten Leon zu und fragte: „Wie groß ist deine Belegschaft?"

„Meine Belegschaft ist 502", antwortete Leon.
Darauf sagte der Blockführer: „Nein, deine Belegschaft ist 498."
Leon verstand nicht und sagte wieder, daß die Belegschaft 502 Menschen sei.
Der Blockführer entgegnete jetzt schärfer: „Nein! Wenn Du jetzt noch weiter redest, sind es 497."
Der Blockführer spielte gerade König über Leben und Tod. In seinem Gesicht sah man, daß er das Spiel genoß.
Am nächsten Morgen lagen vier tote Häftlinge vor dem Block. Ich weiß nicht, ob sie in dieser Nacht extra für ihn getötet wurden oder ob sie von selbst starben. Denn fast jeden Morgen lagen tote Häftlinge in ihren Kojen – gestorben, weil ihr Körper nicht mehr funktionierte, innerlich zerbrochen, weil ihre Seele Auschwitz nicht mehr ertragen konnte, getötet wegen eines Brotes, ermordet, weil ein Nazi es gerade wollte.
Die Toten wurden vor den Block getragen und auf den Boden gelegt. Ihre Körper wurden von anderen Häftlingen, die den ganzen Tag Leichen einsammelten, auf einen Karren geworfen und im Krematorium verbrannt.

Eines Tages hörten wir von anderen Häftlingen, daß die SS Handwerker suchte. Mein Bruder, der in Dombrowa eine Maurerlehre begonnen hatte, meldete sich freiwillig. Er wurde morgens zusammen mit anderen Häftlingen an eine Baustelle außerhalb des Lagers gebracht. Abends kam er wieder in Block 14 zurück. Als Lohn für seine Arbeit bekam er ein kleines Stück Brot zusätzlich. Wenn ich es vor Hunger kaum mehr aushielt, gab er mir oft ein Stück von seinem Brot.
An einem Morgen kam Leon, der Blockälteste, zu Sigi. Er sagte, daß er sich in der Schreibstube melden müsse. Die SS suchte Maurer für ein anderes Lager. Da er bereits als Maurer eingetragen war, mußte er sich melden. Wir verabschiedeten uns nur ganz kurz voneinander, denn wir dachten, er käme nach ein paar Tagen wieder in den Block zurück. Wir sahen ihn jedoch nie mehr wieder.
Sigi fehlt mir sehr. Und wie wird es Mutter und Meta gehen? Obwohl ich doch nicht sehr religiös bin, bete ich jetzt jeden Tag für meine Familie. Sie sollen durchkommen. Wir müssen uns doch nach diesem Irrsinn wiedersehen. Ich glaube, Vater geht es ebenso. Auch er betet im Stillen. Er spricht nicht über seine Ängste um Mutter, Meta und Sigi. Er behält seine Gefühle für sich.

Sigi wurde irgendwann ermordet. Meine Mutter wurde ermordet. Meta wurde ermordet.

Nach dem Krieg trafen wir meinen Freund Mandelbaum. Ich hatte ihn in Dombrowa kennengelernt. In Auschwitz arbeitete er bei dem Sonderkommando, das die Körper der vergasten Menschen aus den Gaskammern holte und in die Krematorien brachte. Wie es ihm gelang, am Leben zu bleiben, weiß ich nicht. Denn die Nazis vergasten die Häftlinge des Sonderkommandos nach wenigen Wochen oder Monaten. Er erzählte, daß meine Mutter eine Selektion nicht überstand. Die Nazis schickten sie ins Gas. Meine Schwester wurde nicht ausgewählt. Sie wollte meine Mutter aber nicht alleine lassen und ging mit ihr. Sie wurden an irgendeinem Tag in Auschwitz-Birkenau vergast. Ihre Körper verbrannt.
Irgendwann sah er auch die Leiche meines Bruders Sigi.

Wir gehen weiter auf das Gelände und graben die Löcher, ein Loch auf, das andere zu. Ich mache mir große Sorgen um meinen Vater. Er ist bald nicht mehr kräftig genug, um das Graben durchzustehen. Ich darf ihn nicht verlieren!
Ständig fuhren Züge mit neuem „Menschenmaterial" durch das Tor. Immer wieder: links – Gas, rechts – Leben. Es nahm kein Ende. Auch im Quarantänelager führten sie in unregelmäßigen Abständen Selektionen durch. Sie brauchten Platz für neue Körper oder sie hatten „Kapazitäten" im Krematorium frei.
Eine Selektion ist angesagt. Wir müssen uns auf dem Appellplatz vor dem Block aufstellen und nackt ausziehen. SS-Männer sehen sich unsere Körper an und wählen aus. Der Schreiber trägt die Nummern in die Liste ein. Ich habe Todesangst.
Am darauffolgenden Tag durfte keiner den Block verlassen, bis die Häftlinge, die bei der letzten Selektion ausgewählt wurden, alle auf dem Appellplatz standen. Sie mußten sich ausziehen und wurden von den Herrenmenschen zur Gaskammer getrieben. Manchmal kam es vor, daß ein Schreiber die Häftlingsnummer bei der Selektion unbeabsichtigt falsch aufgeschrieben hatte. Es konnte aber auch sein, daß er einen Freund retten wollte und die Nummer auf der Liste nachträglich änderte.
Er rettete einen Freund, und ein anderer wurde ermordet. Wer wurde an seiner Stelle vergast? Der Tod wurde anonym. Nur die Menge zählte.

Eines Abends sah ich Zigeuner in den Baracken gegenüber. Wir waren durch einen hohen elektrischen Maschenzaun getrennt. Es müssen 400 bis 500 Menschen gewesen sein. Ich wunderte mich, daß alte und junge Männer, Frauen und Kinder zusammen in einem Lager waren. Am nächsten Tag waren sie verschwunden. Ich glaube, daß sie alle in der Nacht getötet wurden.

Ich kann doch nichts dafür, daß sie andere ins Gas schicken und mich nicht? Schlamek und ich müssen für meinen Vater dasein. Verzweifelt suche ich nach Gründen, um mein Überleben zu rechtfertigen. Doch in Auschwitz gibt es keine Gründe und Regeln dafür, daß ein Mensch ermordet wird und der andere nicht. Die SS-Männer, die Selektionen durchführen, haben uneingeschränkte Macht über unser Leben. Sie können jeden Häftling ins Gas schicken. Der Tod hat in Auschwitz eifrige Helfer. Jeder Häftling muß jede Nacht, jeden Tag, jede Minute mit ihm rechnen. Die Ungewißheit, ob man leben oder sterben wird, treibt manche in den Wahnsinn. Immer wieder gehen Häftlinge auf den elektrischen Zaun zu. Sie bestimmen den Zeitpunkt ihres Todes selbst. Sie fassen an den Zaun oder werden schon vorher von den Wachmännern erschossen.

Ich denke an die nächste Selektion. Dieses Ausgeliefertsein zehrt auch an meinem Überlebenswillen.

In Block 16 traf ich einen Mann, den ich in Dombrowa schon öfter gesehen hatte. Seinen elfjährigen Sohn hatte er bei der ersten Selektion ins Lager geschmuggelt. Der Vater zog seinen Sohn unbemerkt hinüber in die Reihe derjenigen, die zur Arbeit bestimmt waren. Genau wie mein Vater wechselte der Junge die Seiten. Der Mann erzählte, daß er verzweifelt war. Der Lagerälteste, ein deutscher Krimineller, hatte seinen Sohn als Strichjungen ausgewählt. Im Lager nannte man sie „Piepel". Der Lagerälteste mißbrauchte den Jungen nicht nur körperlich. Er verlieh ihm Macht über andere Menschen. Er gab ihm eine Peitsche in die Hand. Jeder Blockälteste und Kapo hatte Angst vor ihm. Schwärzte er Häftlinge an, sorgte der Lagerälteste für die Bestrafung. Der Junge fühlte sich mächtig und hatte Spaß daran, andere zu peinigen. Selbst auf seinen Vater wollte der Elfjährige nicht hören. Nach einiger Zeit war der Junge plötzlich verschwunden. Es ging das Gerücht um, daß die Blockältesten und Kapos ihn beim Lagerältesten schlecht gemacht hatten. Durch diese Intrige verlor dieser das Interesse und er ließ den Jungen fallen.

Der einzige Tag, an dem sie uns mit dem sinnlosen Graben und sonstigen Schikanen weitgehend verschonten, war der Sonntag. Die Häftlinge des Quarantänelagers hielten sich in und vor den Blöcken auf.

Aus Block 16 kamen aufgeregte Stimmen und Rufe. Es hörte sich nicht allzu gefährlich an, und ich ging hinüber. Zwei Häftlinge kämpften miteinander. Die anderen feuerten sie an. Ich fragte den Blockältesten, was hier denn stattfindet. Er antwortete: „Versuchs doch auch, der Sieger bekommt einen Teller Suppe und ein Stück Brot als Belohnung." Ich war noch nicht lange in Auschwitz und daher noch nicht so ausgezehrt wie viele andere. Ich könnte gewinnen.

Und ich gewann. Der Blockälteste gab mir wie versprochen die „Siegesprämie". Hastig aß ich die Suppe. Das Brot steckte ich in meine Tasche.

„Warum ißt du das Brot nicht?", fragte der Blockälteste erstaunt.

„Das Brot bringe ich meinem Vater."

„Iß es lieber selbst, du Idiot, dein Vater verreckt doch sowieso", riet er mir.

Wie kann man nur so kalt werden wie dieser Mann, dachte ich. War er schon immer so, oder ließ das Leben im Lager seinen Charakter mit der Zeit derart verrohen, daß er sogar seinem Vater nicht helfen würde? Ich hoffe, die Nazis bringen mich nie dazu, so zu werden wie er.

Ich brachte meinem Vater das Brot. Als er meine blutige Schläfe sah, erschrak er. Ich erzählte ihm, wie ich zu dem Brot kam. Er wurde deswegen sehr böse auf mich. Ich mußte ihm versprechen, meine Kräfte nicht mehr sinnlos aufs Spiel zu setzen. Ich bräuchte sie hier jeden Tag zum Überleben.

Wegen eines zusätzlichen Brotes kam ich kurz darauf noch einmal in eine gefährliche Lage. Ich erfuhr, daß man sich freiwillig melden konnte, um das gesamte Brot für das Quarantänelager zu holen. Es wurde vor der Hauptbäckerei des Konzentrationslagers auf einen Karren geladen. Häftlinge zogen diesen bis zur Küche des Quarantänelagers. Ich meldete mich. Vielleicht könnte ich ja ein ganzes Brot ergattern.

Wir zogen den vollen Wagen zum Küchenblock. Plötzlich warnte uns ein Häftling. „Sechs, sechs", rief er uns zu. Schon im Zwangsarbeitslager war dies das vereinbarte Zeichen für Gefahr. Vor dem Eingang zu unseren Baracken stand der Lagerälteste, ein deutscher Krimineller, mit seiner Peitsche.

„Schneller, schneller!", brüllte er. Mich erwischte er mit seiner Peitsche über dem Auge. Die Wunde blutete stark, war aber ungefährlich. Viel gefährlicher war, daß wir die Aufmerksamkeit der SS erregten. Man konnte nie wissen, auf welche Ideen sie kamen, wenn sie einen solchen Vorfall beobachteten.

Ich lernte zwei wichtige Lagerregeln: Melde dich nie freiwillig bei der SS und den Blockältesten. Halte dich still und falle nie und nirgends auf.

Bald darauf verbesserte sich unsere Situation. Eines Abends kam Schlamek aufgeregt zu mir und erzählte, er kenne den Kapo aus der Kartoffelschälküche. Dieser würde uns beide in der Küche arbeiten lassen, wenn er dafür einen Brillant von uns bekäme.

„Was soll das?", schrie ich Schlamek an. „Woher sollen wir einen Brillant nehmen, ohne deswegen jemand zu töten? Und wer hat hier noch einen Brillant?"

Ich war ärgerlich auf Schlamek. Warum macht er mir Hoffnung auf ein besseres Lagerdasein. Er weiß doch, daß wir keinen Brillant haben. Schlamek aber war viel zu einfühlsam, um ein so böses Spiel mit mir zu treiben. Er hatte natürlich schon seine Fühler ausgestreckt. Ein Bekannter von Schlamek, der kurz nach uns ins Quarantänelager kam, hatte einen Schwager, dem es gelungen war, in seinem Bruchgürtel etwas Schmuck versteckt zu halten. Schlamek machte ihm den gleichen Vorschlag wie mir. Er war einverstanden. So kam es, daß Schlamek, sein Bekannter, dessen Schwager und ich in der Kartoffelschälküche arbeiten konnten.

Diese Arbeit hatte mehrere Vorteile. Zum einen bedeutete dies mehr Essen für uns und so auch bessere Chancen, diesen Wahnsinn durchzustehen. Zum anderen waren Kartoffeln als Tauschmöglichkeit und als Bestechungsgeld bei den Kapos begehrt. Wir mußten sie nur unentdeckt aus der Küche bringen. Nur? Das war nicht so einfach.

Schlamek und ich banden uns die Beine der Unterhose zu und steckten uns Kartoffeln hinein. Immer nur soviel, daß wir noch richtig laufen konnten und unsere Beute nicht auffiel. Den Wachmännern sagten wir, wir müßten schnell austreten. Nachdem sie uns raus gelassen hatten, liefen wir in unseren Block und versteckten die Kartoffeln bei meinem Vater. Den größten Teil der Kartoffeln bekam Leon, unser Blockältester. Er erlaubte nun meinem Vater, sich tagsüber im Block zu verstecken. Dies war ein Glück, denn Vater hätte das ständige Graben in der Hitze nicht überlebt. Außerdem bekam er von Leon für die Kartoffeln noch einige Stückchen Brot zusätzlich.

Einmal empfing mein Vater Schlamek und mich mit leuchtenden Augen. „Heute habe ich etwas ganz Besonderes für die Kartoffeln eingetauscht", erzählte er uns, „Machorka Tabak." Das ist nicht wahr, dachte ich. Er kann doch für die geklauten Kartoffeln keinen Tabak eintauschen! Daß dies weniger Brot für uns bedeutete, war ihm in diesem Moment gar nicht bewußt. Er war so glücklich mit seinem Machorka, daß wir uns nichts von unserer Enttäuschung anmerken ließen. Später sah ich Schlamek am Boden sitzen. Er kämpfte mit den Tränen.

Die Arbeit in der Kartoffelschälküche hatte noch einen wichtigen Vorteil. Wer dort arbeitete, mußte an keiner Selektion mehr teilnehmen. Alle Häftlinge, die zu einer bestimmten Arbeit eingeteilt waren, durften vor der Selektion den Block verlassen und zur Arbeitsstätte gehen. Wenn eine Selektion bevorstand, nahmen Schlamek und ich meinen Vater in unsere Mitte und gingen gemeinsam zur Kartoffelschälküche. Dort versteckten wir ihn. Der Küchenkapo ließ es zu.

Es konnte einem aber auch gehen wie dem Häftling Jakob. Er arbeitete gerade in der Kartoffelschälküche, als die Nazis über Lautsprecher seine Nummer für die nächste Vergasung ausriefen. War es ein Schreibfehler? Er war wie versteinert. Plötzlich fing er an zu schreien und zu weinen.

„Ich war doch bei keiner Selektion, sie können meine Nummer nicht haben!" Doch es half nichts. Er mußte gehen.

„Ich darf kein Mitleid empfinden, keine Gefühle zulassen", dachte ich, doch es gelang mir nicht.

Mir war klar, daß wir nicht mehr lange in der Kartoffelschälküche arbeiten konnten. Solang der Küchenkapo noch zufrieden mit dem „Bestechungsobjekt" war und nicht mehr forderte, hatten wir Glück. Aber es kamen neue Häftlinge nach, die sich auch einen Platz in der Küche erkaufen wollten. Unser Brillant würde bald nicht mehr reichen.

Neben den Kartoffeln klauten Schlamek und ich auch immer ein wenig Trockengemüse in der Küche. Beim Morgenappell steckten wir es dann Freunden zu. Sie wickelten es in kleine Papierfetzen und hatten so etwas zum Rauchen. An einem Abend im Oktober wurde ich beim Klauen erwischt. Die Arbeit war zu Ende, und die

Häftlinge gingen zu ihrem Block. Wie so oft kam ich an dem Bottich mit dem Trockengemüse vorbei. Schnell nahm meine Hand, was sie packen konnte, und ich stopfte mir die Beute in die beiden vorderen Hosentaschen. Dann ging ich weiter. Am Ausgang der Kartoffelschälküche fiel ich dem jungen SS-Mann auf.

„Was hast Du da?" fragt er, und zeigt auf meine Hosentaschen.
„Nichts, wirklich nichts", sage ich. Ich habe wahnsinnige Angst.
„Leer die Taschen hier auf den Tisch", fordert er.

Ich lege alles auf den Tisch. Jetzt ist es aus. Er wird mich erschießen. Er zieht mich am Arm rüber zum Bock, einem Holzgestell, das sie extra für Bestrafungen entwickelt hatten. Was hat er mit mir vor?

„Hose runter! Bück dich!" befiehlt er sehr beherrscht. Er schlägt mir mit einem Stock 25mal auf den Hintern. Jeden Schlag muß ich laut mitzählen. Es tut höllisch weh. Ich halte es nicht aus.

Ich falle auf den Boden. Ich spüre, wie er meinen Arm hochzieht.
„Nein, nicht meinen Arm", schießt es blitzartig durch meinen Kopf, „er darf auf keinen Fall meine Nummer sehen." Doch ich kann mich nicht wehren. Er schreibt meine Nummer auf einen Zettel.

„Bei der nächsten Selektion gehst Du ins Gas", sagt er und geht raus.

Irgendjemand bringt mich in den Block. Bei der nächsten Selektion werde ich dabei sein. Sie werden mich vergasen.

Mein Vater und Schlamek sind sehr verzweifelt, beide suchen nach einem Ausweg für mich. Ich bin in einer seltsamen Stimmung. Verzweiflung und Gefaßtheit wechseln sich ab. Ich weiß jetzt, daß ich sterben werde. Ich fühle sogar eine Art Erleichterung. Ich muß nicht mehr jeden Tag ums Überleben kämpfen, ich werde nicht mehr gehetzt und gejagt. Diese Gewißheit gibt mir eine innere Ruhe, die ich schon lange nicht mehr gespürt habe.

Ich weiß, wie es ablaufen wird. Bei der Selektion wird meine Nummer aufgerufen werden, ich werde mich mit den anderen auf dem Appellplatz aufstellen, mich nackt ausziehen und losgehen. Dann muß ich die Minuten überstehen, in denen ich keine Luft mehr bekomme.

Von diesem Tag an durfte ich nicht mehr in der Kartoffelschälküche arbeiten.

Ich denke nochmal über den jungen SS-Mann nach. Während des ganzen Geschehens in der Küche war er überraschend ruhig. Schob auch er hier in Auschwitz seine Gefühle weg, sein Mitleid, sein ganzes Menschsein? Nahm er uns überhaupt als Menschen wahr? Ich glaube nicht. Genau wie sie uns die Nummer einbrannten, brannten sie in diese jungen Gehirne eine teuflische Ideologie. Ihr Denken, ihr Fühlen, ihre Seele wurden verseucht. Sie empfinden nicht mehr menschlich.

Wenn ich den SS-Mann vor mir sehe, habe ich das Gefühl, daß die nationalsozialistische Krankheit ihn noch nicht vollständig befallen hat. Er hätte mich auch sofort erschießen können. Doch er hält Abstand. Er selbst tötet nicht, er läßt töten.

Mein Vater gab nicht auf und bat jeden, den er kannte, um Rat und um Hilfe. Schließlich fand er einen Weg, wie ich vor der nächsten Selektion bewahrt werden konnte. Immer wieder forderten andere Lager Juden als Arbeitskräfte an. Für diese Transporte fand eine gesonderte Auswahl statt. Wann so ein Transport bevorstand, wußte der Schreiber des Schreibbüros als erster. Es war also sehr wichtig, einen Schreiber zu kennen.

Mein Vater kannte den neuen Schreiber unseres Quarantänelagers noch aus Dombrowa. Er erzählte meinem Vater, daß noch vor der nächsten Selektion zwei Transporte für verschiedene Außenlager zusammengestellt werden sollten. Er selbst würde versuchen, mit einem dieser Transporte von hier wegzukommen. Vielleicht gelänge es Schlamek, Vater und mir auch. In welches Lager die Menschen gebracht würden, konnte er uns damals nicht sagen. Aber für uns war nur eines wichtig: weg von Auschwitz.

Die Auswahl für den ersten Transport fand statt. Wir vereinbarten, daß mein Vater ungefähr zehn Häftlinge vor uns gehen sollte. Er würde uns ein Zeichen geben, wenn er genommen wäre. Ein SS-Hauptsturmführer musterte die Häftlinge und wählte aus.

Mein Vater ist dran. Er wird nicht genommen. Ich kann meinen Vater nicht alleine lassen, wir müssen zusammenbleiben. Ohne meinen Vater gehe ich nicht. Schlamek denkt wie ich. Wir haben ja noch eine Chance beim zweiten Transport. Schlamek und ich machen uns etwas kleiner, senken den Kopf und stehen verkrampft da. Der SS-Mann schaut über uns weg.

Am Nachmittag desselben Tages findet die Auswahl für den zweiten Transport statt. Schlamek und ich stellen uns, genau wie beim ersten Mal, kränklich und schwach in die Reihe. Ich bin in Gedanken und habe einen Augenblick nicht auf meinen Vater geachtet. Als der SS-Hauptsturmführer vor mir steht und fragt: „Sind Sie gesund?", schießt es durch meinen Kopf. Was ist mit Vater? Was soll ich tun? Er steht etwa fünf Meter vor mir in der Schlange. Er dreht sich um, sieht mich an und hebt die Hand. Das ist das vereinbarte Zeichen. Augenblicklich richte ich mich auf und stehe stramm.

„Ja, ich bin vollkommen gesund", antworte ich in akzentfreiem Deutsch. Der SS-Mann sieht mich verwundert an, mein gutes Deutsch überrascht ihn. Er wählt mich für den Transport aus.

„Und jetzt Schlamek! Zeig auf Schlamek, du verdammter Nazi!" treibe ich den Hauptsturmführer in Gedanken an. Schlamek strahlt ihn richtig an. Auch er wird genommen.

Fünfteichen

Sie führten uns zur Rampe und luden uns in Güterwaggons. Etwa 500 bis 600 Häftlinge hatten das Glück, für den Transport ausgewählt worden zu sein. Der Zug fuhr durch das Tor und ließ Auschwitz-Birkenau hinter sich.

Wir haben es geschafft, diese Hölle lebend zu verlassen. Wäre der Transport ein paar Tage später abgefahren, wäre ich schon tot. Ich befand mich in Hochstimmung. Sie haben mich nicht erwischt, sie haben mich in Auschwitz nicht vergast. In diesen Augenblicken der Euphorie empfand ich meinen Abtransport ins Ungewisse als persönlichen Triumph über die „Herrenmenschen".

Dann wurde ich wieder nachdenklich und die Freude verschwand. Schuldgefühle traten an ihre Stelle. Warum kann ich mich über das Entkommen aus Auschwitz so freuen, wenn ich an die Grausamkeiten denke, die ich dort sah, an die Schreie der Kinder, als die Nazis sie ihren Müttern entrissen, an die Gesichter der Häftlinge, als ihre Nummer bei der Selektion aufgeschrieben wurde? Wie kann ich mich so freuen, wenn ich an meine Mutter, meine Schwester, meinen Bruder denke? In mir gehen die Gefühle auf und ab.

Was ich gesehen, erlebt und empfunden habe, wird mich nicht mehr verlassen – es hat einen anderen aus mir gemacht. Jeder, der hier war, ist ein anderer geworden. Es muß schon Ende Oktober 1943 sein. Drei Monate Auschwitz liegen nun hinter mir. Ein Leben mit den Erinnerungen an Auschwitz steht mir noch bevor.

Ruhig saßen wir auf dem Boden des Waggons. Jeder Kilometer, der uns weiter von Auschwitz weg brachte, machte uns ruhiger. Keiner von uns wußte, was uns am Ende dieser Zugfahrt erwarten würde, doch fast jeder war davon überzeugt, daß es besser als in

Auschwitz sein müsse. Es schien, als wiegte dieser hoffnungsbringende Zug jeden zärtlich in seine Gedanken.

Vater sitzt neben mir. Er legt seinen Arm um meine Schulter, und lehnt seinen Kopf liebevoll an meinen. Wir sind zusammen. Er hält mich ganz fest. Wir weinen still.

Während der ganzen Fahrt denke ich immer wieder an meine Mutter, Meta und Sigi. Was wird mit ihnen geschehen? Die Gedanken schmerzen. Ich darf nicht zuviel darüber nachdenken. Ich muß weiterhin meine Gefühle wegschieben, so gut es geht. Auch gegenüber meinem Vater kann ich sie nicht zeigen, denn ich will ihn nicht belasten. Er braucht seine Kraft. Ich weiß, daß es ihm genauso geht.

Der Zug hielt und sie luden uns aus. Die Wachmannschaft der SS befahl: „Stellen Sie sich in Zweierreihen hintereinander."

„Ungewöhnlich", dachte ich, wir werden mit „Sie" angesprochen. Der SS-Hauptsturmführer, der mich fragte, ob ich gesund sei, sprach mich auch mit „Sie" an. Ich fand es damals sehr merkwürdig, und verstand nicht, was ihre Höflichkeit zu bedeuten hatte. Waren die SS-Männer vielleicht plötzlich menschlich geworden? Wir gingen noch eine Weile zu Fuß, bis wir in das Lager Fünfteichen kamen.

Sie führten uns zum Appellplatz, auf dem wir uns in Reihen aufstellen mußten. Unterscharführer Schrammel stellte sich vor und hielt die Begrüßungsrede. „Ihr habt jetzt das große Glück für die deutsche Wehrmacht zu arbeiten. Wenn ihr gut arbeitet, werdet ihr bessere Bedingungen haben." Als er noch beiläufig die Firma Krupp erwähnte, war uns klar, daß wir außerhalb des Lagers arbeiten würden. Dann verteilten sie uns auf die Blöcke. Als ich in die Holzbaracke hineinging, war ich überrascht. Im Vergleich zu unserem Vegetieren in Auschwitz war es hier der pure Luxus. In der Baracke standen einfache Stockbetten – also nur ein Häftling über dem anderen. Ein Strohsack, eine Decke, ein Blechteller und ein Löffel lagen auf jedem Bett.

Sie gaben uns gestreifte Häftlingskleidung, auf der wir eine neue Häftlingsnummer aufnähen mußten. Ich war erleichtert, daß sie uns diese nicht wie in Auschwitz ins Fleisch tätowierten.

Meine Nummer in Fünfteichen ist 13547.

Wie in Trance ziehe ich die Fetzen aus, die ich in Auschwitz monatelang trug. Auschwitz vergessen. Auschwitz ablegen, wie diese Kleider. Es geht nicht. Es wird nie gehen.

Wenige Stunden später mußten wir uns wieder auf dem Appellplatz aufstellen. Es hieß, wir sollten die Kappen mitnehmen, die wir bei der Kleiderausgabe bekommen hatten.

Der Rapportführer dirigierte uns mit dem Befehl „Mützen auf! Mützen ab!" Ihm gefiel es, uns wie Hampelmänner immer das Gleiche tun zu lassen: Mützen auf! Mützen ab! Stundenlang dieselbe Bewegung. Einige von uns waren zu schwach und konnten ihren Arm bald nicht mehr heben, um nach der Mütze zu greifen. Die Kapos und Stubendienste schlugen erbarmungslos auf sie ein. Die Schikanen begannen.

Ich glaube, die Nazis wollten uns mit dieser Begrüßungstortur sagen: „Werdet bloß nicht übermütig. Ihr braucht nicht zu hoffen, nur weil die Bedingungen hier etwas besser sind."

Fünfteichen war ein neues Außenlager des Konzentrationslagers Groß-Rosen und lag im Kreis Breslau, direkt neben dem Ort Miloszyce (Meschwitz). Es bestand aus etwa 35 großen Häftlingsbaracken, dem Küchenblock, der Wäscherei, der Kantine für die SS und der Schreibstube. In der Südwestecke des Lagers befand sich der Appellplatz, in der Nähe der beiden großen Lagertore. Vor Tor 1 lagen die Unterkünfte der SS. Von Tor 2 führte der Weg zum Krupp-Bertha-Werk. Um das gesamte Lager verlief von innen nach außen zuerst Stolperdraht, dann folgte der elektrische Zaun, darauf ein Zwischenraum, durch den die Wachposten gehen konnten, dann wieder Stacheldraht.

Außer den etwa 50 Kapos und Blockältesten, die aus Groß-Rosen kamen, und die ausschließlich deutsche Kriminelle waren, befanden sich hier noch keine Häftlinge. Wir waren die ersten.

Die Lagerleitung hatte Obersturmbannführer Wilhelm Stötzler und ab Juni 1944 Obersturmbannführer Richard Stoppel. Beide kamen nur in gewissen Abständen nach Fünfteichen. Der eigentliche Herr im Lager war der Rapportführer. Am Anfang war dies Unterscharführer Schrammel. Er war kalt und brutal. Ihn löste Unterscharführer Seibold ab, ein braver Schwabe, der eigentlich keine Brutalität vertrug und auch keine zuließ. Er war als SS-Angehöriger zu menschlich geblieben und wurde nach etwa zwei Wochen versetzt. Sein Nachfolger wurde Karl Gallasch, ein Alkoholiker, der an nichts anderes als Schnaps dachte.

In Fünfteichen war auf den ersten Blick vieles besser. Der Grund bestand jedoch nicht darin, daß wir den Herrenmenschen plötzlich leid taten und sie uns besser „hielten" als in Auschwitz. Die Häftlinge von Fünfteichen sollten im nahegelegenen Krupp-Bertha-Werk Panzerabwehrkanonen fertigen. Die Löhne wurden an die Lagerverwaltung gezahlt. Die Arbeit an den Maschinen war nicht einfach, und die Häftlinge mußten angelernt werden. Nur deshalb hatte die Firma Krupp Interesse daran, daß bereits Angelernte am Leben blieben und daß ihr körperlicher Zustand nicht schlechter wurde. Wir waren also keine ausschlachtbare Ware mehr für sie.

Außerhalb arbeiten, die Nazis sprechen uns mit Sie an, bessere Lebensbedingungen, keine Gaskammern, all dies ließ mich ein wenig zuversichtlicher werden. Sie gaben uns auch mehr zu essen als in Auschwitz, denn wir sollten ja bei Kräften bleiben. Doch selbst die größeren Rationen reichten nicht aus, das ständige Hungergefühl zu stillen. Auch die immer gegenwärtige Angst blieb.

Was Grausamkeit und Menschenverachtung betraf, hatte die SS in Fünfteichen nichts verlernt. Das Demütigen, das Quälen und auch das Töten ging weiter. Im Gegensatz zu Auschwitz geschah es hier nebenbei. Tote Polen, tote Russen, tote Juden als Nebenprodukt. Sie töteten nicht hunderte oder tausende Menschen auf einmal, sondern einzeln. Ihr Töten war persönlicher.

Der Lagerälteste und sein Schreiber Nowak suchten unter den Häftlingen zwei weitere Schreiber, die gut Deutsch sprechen und schreiben konnten. Wir wußten schon von Auschwitz, daß die Arbeit in der Schreibstube eine privilegierte Arbeit war und daß dies bessere Lebensbedingungen bedeutete. Obwohl wir in den vergangenen Monaten lernten, uns nie freiwillig für irgend etwas zu melden, wagte es mein Vater. Alles schien hier anders zu sein.

Er meldete sich zusammen mit vier anderen Häftlingen in der Schreibstube. Später erzählte Vater mir von seinem Gespräch mit Nowak, dem Lagerschreiber. Als er seine Fähigkeiten als Schreiber prüfen wollte, sagte mein Vater: „Als Schreiber kann ich dir vielleicht eine Flasche Schnaps besorgen."

Nowak war scharf auf Schnaps und willigte ein.

„Ich kann den Schnaps aber nur besorgen, wenn mein Sohn für eine Arbeit außerhalb des Lagers eingeteilt wird", fügte mein Vater hinzu.

So wurden wir beide Schreiber, mein Vater bei Nowak, ich bei dem Kapo der Tagesschicht, die bei Krupp arbeitete. Woher wir den Schnaps bekommen sollten, wußten wir damals noch nicht. Wir hofften, durch Kontakt mit Zivilisten etwas organisieren zu können.

Was geschieht, wenn wir den Schnaps für Nowak nicht auftreiben können? Warum geht mein Vater nur ein solches Risiko ein? Doch er schätzte Nowak richtig ein. Nowak war zwischen 30 und 35 Jahre alt. Er war ein intelligenter und vor allem kein sehr brutaler Krimineller. Nur wenn er getrunken hatte, war es besser, ihm aus dem Weg zu gehen. Er würde uns genügend Zeit geben, um den Schnaps aufzutreiben. So war es auch.

Schreiber zu sein hatte noch einen Vorteil. Wir wurden in den Block 3 verlegt, den Prominentenblock. Leider konnte Schlamek nicht mit uns wechseln. In Block 3 waren überwiegend Deutsche, Polen und Tschechen untergebracht. Sie erhielten immer noch Pakete von zu Hause. Oft gaben sie uns etwas davon ab.

In Block 3 lernten wir Herrn Klaksbalt kennen. Früher war er Kantor in Bedzin. Noch immer hatte er eine wunderschöne Stimme. Wann immer es möglich war, sang er uns vor. Seine kräftige Stimme inmitten unseres Elends hörte sich fast unwirklich an. Sie war so rein und klar, als käme sie von einer anderen Welt. Jeder im Block war dankbar, wenn er sang.

Die SS erfuhr, daß er eine gute Stimme hatte und uns vorsang. Sie zwangen ihn, zu ihrer Unterhaltung zu singen. Aber er konnte ihnen doch keine religiösen Lieder vorsingen! Er wendete einen Trick an. Er sang die hebräischen Texte etwas undeutlicher. Da, wo es gerade gut paßte, flocht er italienische Wörter ein, wie zum Beispiel den Refrain „Santa Lucia". Die SS war zufrieden. Später hörte ich, daß Klaksbalt nach Buchenwald gebracht wurde. Er wurde dort ermordet.

Bald verließ ich zusammen mit dem ersten Arbeitstrupp das Lager. Vorn der Kapo, ich hinter ihm, dann die Häftlinge in Fünferreihen. Bewacht wurden wir von einem SS-Begleittrupp, der meist aus ungarischen, rumänischen, ja sogar mongolischen Volksdeutschen bestand. Sie sprachen und verstanden kaum ein Wort deutsch. Auf dem Weg zu Krupp begegneten wir jüdischen Gefangenen aus dem Zwangsarbeitslager Markstädt. Auch sie arbeiteten auf dem Krupp-Gelände. Einige Gesichter kannte ich noch aus dem Ghetto Dombrowa und Srodula. Die meisten von ihnen sind noch vor Auflösung dieser Ghettos in das Zwangsarbeitslager gekommen. Wie mir später der Häftling Bornstein erzählte, arbeiteten viele der Markstädter Häftlinge für die Organisation Todt. Sie bauten Produktionshallen für die Firma Krupp.

Im Krupp-Bertha-Werk wurden Panzerabwehrkanonen produziert. Als Vorarbeiter setzte Krupp qualifizierte Arbeiter aus der Tschechoslowakei und aus Deutschland ein. Die meisten deutschen Arbeiter kamen aus Essen. Da sie nicht immer im Geiste der Nationalsozialisten dachten und handelten, wurden sie hierher zwangsversetzt. Sie wohnten nicht weit vom Werk entfernt in einer offenen Kaserne.

Als Schreiber der Tagesschicht war ich dem Kapo Emil Schidlo unterstellt. Er war ein deutscher Krimineller und liebte es, Schläge auszuteilen. Jeden Tag, bevor wir zur Arbeit gingen, gab er mir eine kräftige Ohrfeige – einfach so, ohne irgendeinen Grund. Dies ging soweit, daß ich mich an die tägliche Ohrfeige gewöhnt hatte. Eines Tages vergaß er sie. Den ganzen Tag konnte ich mich nicht konzentrieren. Ich wartete jeden Augenblick auf den Schlag.

Von der Schreibstube des Lagers erhielt ich morgens eine Liste, auf der die Häftlingsnummern der Tagesschicht standen. In diese Liste mußte ich die Arbeitszeiten der Häftlinge eintragen. Die Aufzeichnungen waren die Grundlage für die Lohnabrechnung zwischen den Nazis und Krupp. Zudem mußte ich Besonderheiten, Beschuldigungen oder Beschwerden der zivilen Meister aufschreiben und sie dem Kapo mitteilen.

In der Halle befanden sich mehrere Produktionsstraßen, die sogenannten Schiffe. Wenn ich die Schiffe entlang ging und die Arbeitszeiten aufschrieb, konnte ich auch Kontakt zu den zivilen Arbeitern aufnehmen. Einige versuchten mit mir ins Gespräch zu kommen. Ich glaube, sie wollten mir zeigen, daß sie nicht billigten, was mit uns Häftlingen geschah. Zum Beispiel der Vorarbeiter von Schiff 17. Jedem SS-Mann, der sich näherte, entgegnete er: „Hier habe nur ich etwas zu sagen. Lernt erst mal Deutsch, dann könnt ihr mit mir sprechen". Er ließ auch keine Gewalt zu. Weder von den SS-Leuten noch von den Kapos. Dies war nicht ungefährlich, aber er tat es trotzdem.

Andere waren genau das Gegenteil. Sie beschwerten sich über uns, oder beschuldigten Häftlinge der Sabotage, wenn es kleine Pannen bei der Produktion gab. Wenn Häftlinge dann von den Kapos oder der SS bestraft wurden, genossen sie es.

Einmal brachte ein Ziviler einen polnischen Häftling zu dem Kapo Hugo Bachmann. Der Pole würde die Arbeit sabotieren und müßte bestraft werden, forderte der Zivile. „Ja, ja, ist schon gut", sagte Bachmann, und schickte den Zivilen wieder weg. Der bestand aber darauf, bei der Bestrafung dabei zu sein. Bachmann sagte, daß dies nicht möglich sei. In der Halle war eine kleine Nische mit einem Stück Stoff abgetrennt, Bachmann ging mit dem Häftling und mir hinter den Vorhang. Er wußte, daß der Zivile keine Ruhe geben würde, bis er Schreie hörte. Ich mußte dem Polen übersetzen, daß er immer dann schreien sollte, wenn Bachmann den Stock hob und auf den Tisch haute. Leider war Bachmann nicht lange Kapo.

Eines Tages stimmte die Häftlingszahl nicht. Auf der Liste des Schreibbüros waren zwei Häftlingsnummern mehr eingetragen. Als ich es merkte, wurde ich ganz unruhig, aber was sollte ich tun? Schidlo wäre wütend und hätte alles an mir ausgelassen. Ich entschied mich abzuwarten. Ich führte die Liste wie jeden Tag und gab die Unterlagen abends im Schreibbüro ab.

Am nächsten Tag holten mich zwei Kapos aus dem Block und brachten mich in die Schreibstube. Unterscharführer Schrammel wartete auf mich. Er beschuldigte mich, für die falsche Liste verantwortlich zu sein und verurteilte mich zu 25 Schlägen auf den Hintern.

Die beiden Kapos führten mich in einen Nebenraum. Ein SS-Mann mit einer Peitsche in der Hand stellte sich vor mich. „Hose runter!" Ich zog meine Hose aus und mußte mich, wie damals in der Kartoffelschälküche, über den Bock legen. Ich hatte Angst vor den Schmerzen.

Der SS-Mann fängt an. Es tut höllisch weh, weher als beim ersten Mal. Ich verliere mehrmals die Besinnung. An den vorderen Enden der Peitsche haben sie Bleistücke angebracht. Die Haut platzt auf, und mein Gesäß ist nach wenigen Schlägen ein Stück blutiges Fleisch. Sie schleifen mich zur Tür. Werner Krüger, der zweite Schreiber, ruft mir zu:

„Sei froh, daß du die Schläge bekommen hast, sonst hätte sie dein Vater gekriegt." Ich nahm ihn kaum wahr – wie durch eine Nebelwand. Mein Körper brannte überall.

Krüger wußte, daß ihm der Fehler passiert war. Seine Worte waren als Drohung zu verstehen. Würde ich über das Geschehen noch ein Wort verlieren, so hielte er sich an meinen Vater.

Ich erwachte erst am nächsten Tag. Ich wollte auf keinen Fall ins Krankenrevier. Die Häftlinge waren dort den Launen des Revierkapos und der SS ausgesetzt. Man konnte nie sicher sein, ob man selbst bei der kleinsten Verletzung das Revier lebend verlassen würde. Es war zu gefährlich.

Mein Vater bat den Lagerschreiber Nowak um Hilfe. Er erlaubte mir, noch einige Tage im Block zu bleiben. Dort versorgte mein Vater die Wunden. Ich hatte Angst davor, wieder in der Tagesschicht unter dem Kapo Schidlo zu arbeiten, denn Freunde erzählten mir, daß er wegen des Vorfalls immer noch wütend auf mich war.

Wieder bat Vater Nowak um Hilfe. Er sorgte dafür, daß ich als Schreiber für die Nachtschicht eingeteilt wurde. Mein Vater wagte es, Nowak anzusprechen, weil sich zwischen ihnen ein persönliches Verhältnis entwickelt hatte. Nowak sah in ihm einen Freund und klugen Berater. Für meinen Vater und mich bedeutete die Beziehung zu Nowak bessere Lebensbedingungen in Fünfteichen. Damit alles so blieb, mußten wir jetzt endlich den Schnaps besorgen.

Ich konnte noch immer nicht richtig sitzen, als ich meine Arbeit als Schreiber der Nachtschicht begann.

Eines Nachts lernte ich den Tschechen Viktor kennen. Er war ein ziviler Arbeiter bei Krupp und wohnte nicht weit vom Werk entfernt. Wir waren etwa im selben Alter und uns auf den ersten Blick sympathisch. Es verging keine Nacht, in der wir nicht kurz miteinander sprachen. Er konnte ein wenig Deutsch und Polnisch. Ich sprach ein wenig Tschechisch, so daß unsere Unterhaltungen ein dreisprachiges Gemisch waren. Doch wir verstanden uns trotzdem, denn wir wollten uns verstehen. Ich faßte täglich mehr Vertrauen zu Viktor und wir wurden richtige Freunde.

Wir erzählten von unseren Familien, von unseren Freunden, von Mädchen und unseren Träumen. Viktor machte Pläne für die Zeit nach dem Krieg. Er erzählte mir auch von draußen. Sein Land war zwar besetzt von den Deutschen, doch er konnte sich frei bewegen. Er sah Menschen in zivilen Kleidern, Männer jeden Alters, Kinder und Frauen, Häuser, Wälder, und Wiesen. Alles ganz alltäglich für ihn, doch für mich schon so fremd, daß ich mir gar nicht mehr vorstellen konnte, mich in dieser Welt jemals wieder bewegen zu können.

Er informierte mich immer über den neuesten Stand des Krieges. Es tat gut, einen Freund wie Viktor zu haben. Ich freute mich jedesmal auf ihn, wenn ich zur Nachtschicht ging.

Bald erzählte ich Viktor von dem Abkommen mit Nowak. Ich erklärte ihm, wie wichtig diese Flasche Schnaps für uns war, und daß all die Vergünstigungen, die wir jetzt hatten, von dieser Flasche abhingen. Viktor war sofort bereit, den Schnaps für mich zu besorgen.

Ich versprach, ihm später etwas dafür zu geben, wenn ich könnte. Er sah mich verwundert an. Eine Gegenleistung war nicht wichtig für ihn. Er wollte mir aus Freundschaft helfen.

Wie schnell ich doch diese Lagerregel verinnerlicht habe: „Keiner tut etwas für Dich, wenn Du ihm nichts dafür anbietest." Im Lager ist es eisernes Gesetz. Die Lager- und Blockältesten, die Kapos, jeder muß geschmiert werden, denn auch sie müssen irgendjemanden schmieren. Deshalb ist es sehr wichtig, immer etwas Wertvolles organisieren zu können, das als Gegenleistung akzeptiert wird. So wie den Brillanten in Auschwitz. Aber Viktor ist kein Häftling, er muß nicht um sein Überleben kämpfen. Er erwartet keine Bezahlung für das, was er für mich tut.

Wenige Nächte später gab er mir die Flasche Schnaps. Ich war überglücklich. Ich schmuggelte sie am Ende der Nachtschicht ins Lager, und mein Vater gab sie Nowak. Später erzählte er mir, daß Nowak die Nacht darauf bereits die Hälfte der Flasche ausgetrunken hatte. Er war total besoffen und zufrieden. Wir konnten weiter Schreiber bleiben.

Ich vertraute Viktor. Wir wagten es, ihm von Chaim zu erzählen. Chaim, der Bruder meines Vaters, war mit seiner Familie auch im Ghetto Srodula. Kurz bevor das Ghetto aufgelöst wurde, erzählte er uns, daß er einen Polen gefunden hatte, der gegen Bezahlung zwei Personen verstecken könne. Der Pole könnte ihn und seine kleine Tochter Ada bei der nächsten Gelegenheit unbemerkt aus dem Ghetto schmuggeln und bei sich im Keller verstecken. Chaim gab meinem Vater den Namen und die Adresse des Polen. Mein Vater lernte beides auswendig.

Ich wußte, daß Viktor uns nicht an die Deutschen verraten würde. Das Versteck meines Onkels war in einem Ort nahe der polnisch-tschechischen Grenze. Ich bat Viktor nachzuforschen. Sobald er Urlaub hätte, sollte er hinfahren.

Die Nächte ohne Viktor waren schrecklich. Die ganze Zeit, in der er weg war, dachte ich nur an ihn. Würde er den Polen finden? Hoffentlich fällt niemandem etwas auf. Hoffentlich passiert ihm nichts. Welche Nachrichten würde er von Chaim bringen? Leben Chaim und Ada überhaupt noch? Mein Vater und ich warteten gespannt auf Viktors Rückkehr.

Nach etwa einer Woche kam er endlich wieder in die Nachtschicht. Ich sah ihn schon von weitem an der Produktionsstraße 17. Er blinzelte mir zu. Ich war erleichtert. Am liebsten würde ich zu ihm laufen und ihn umarmen. Es sah uns gerade niemand zu. Viktor kam zu mir herüber und tat so, als würde er mir etwas am vorderen Teil der Maschine zeigen. Er erzählte mir von Chaim und dem Polen. Mit Chaim gab es keine Probleme. Einen Erwachsenen konnte der Pole eher im Keller verstecken als ein Kind. Die kleine Ada war auf Dauer aber nicht ruhigzustellen. Der Pole hielt es für zu gefährlich, Ada weiter bei sich zu behalten.

Viktor war betroffen über die Nachricht, die er mir brachte. Er wußte, wie unwahrscheinlich es war, daß wir von hier aus etwas für die kleine Ada tun könnten.

Als ich wieder ins Lager zurückkam, erzählte ich alles meinem Vater. Wir saßen beide vor dem Block und fühlten uns sehr hilflos. Einerseits waren wir überglücklich, daß mein Onkel und seine Tochter lebten, andererseits dachten wir daran, was mit Ada passieren würde, wenn der Pole sie nicht mehr verstecken könnte. Chaim konnte nichts ausrichten, er mußte sich selbst verstecken. Dem Polen war es zu gefährlich, nach jemandem zu suchen, der Ada aufnehmen konnte.

Die Deutschen werden seine ganze Familie umbringen, wenn sie erfahren, daß er Juden versteckt. Und wir? Wie können wir ihr helfen? Wir waren sehr deprimiert.

Einige Tage später saßen wir wieder vor dem Block. Wieder sprachen wir über die aussichtslose Lage der kleinen Ada. Plötzlich kam Frenzel zu uns herüber, ein deutscher Installateur, der tagsüber im Lager arbeitete.

Frenzel war etwa 50 Jahre alt. Schon öfter hatten wir mit ihm gesprochen und wußten, daß er für die Nazis nicht viel übrig hatte. Er versuchte, mit uns ins Gespräch zu kommen. Sofort merkte er, daß wir ein Problem hatten und sprach uns darauf an. Ohne sich die möglichen Folgen zu überlegen, erzählte mein Vater ihm von Ada. Aus Verzweiflung sprudelte es hastig aus ihm heraus. Frenzel hörte ruhig zu. Nach einer Weile sagte er: „Das Kind wird nicht sterben. Ich werde es zu mir nehmen."

Im ersten Augenblick konnten wir nicht begreifen, was er sagte. Keiner von uns hatte diese Reaktion erwartet. Er kam mir vor wie ein Held aus der Bibel. Als wir sicher sein konnten, daß er es ernst meinte, gaben wir ihm die Adresse des Polen. Er hielt sein Wort. Frenzel war einer der wenigen wahren Helden in dieser Zeit. Von nun an hatte er eine Enkelin Ada. Bis Kriegsende lebte sie mit seiner Familie nur wenige Kilometer von Fünfteichen entfernt.

So oft Frenzel ins Lager kam, erzählte er uns von Ada. Wie es ihr ginge, was sie besonders liebte und was sie besonders ungern machte und daß sie den Hitlergruß perfekt beherrschte. Die Nazis haben nicht alle von unserer Familie erwischt. Ada überlebte. Chaim blieb während des ganzen Krieges im Keller versteckt.

Nach unserer Befreiung suchten wir Frenzel. Er wurde vermißt. Aber zu seiner Frau konnten wir einen Kontakt herstellen. Sie brachte Ada zu ihrem Vater Chaim, der damals in Kattowitz war. Ada war neun Jahre alt. Sie weinte schrecklich, denn sie wollte Frau Frenzel nicht verlassen. Heute lebt Ada mit ihrer Familie in Israel.

Ich glaube, es war im Januar 1944, als Nowak Lagerältester I wurde und der ehemalige Schreiber Werner Krüger zum Lagerältesten II aufstieg. Die SS entließ ihre Vorgänger wegen „guter Führung".

Seit wir in Fünfteichen sind, geht es uns körperlich besser. Vater hat sich verändert. Er ist nicht mehr so niedergeschlagen. Durch das Vertrauen, das ihm Nowak entgegenbringt, kann er mehr Einfluß im Lager ausüben. Vater hat jetzt wieder Mut, für sein Leben zu kämpfen. Und für meines, was ihm noch wichtiger ist. Schlamek arbeitet in der Tagesschicht. Auch ihm geht es besser.

Mit Nowaks Nachfolger als Schreiber verstand sich mein Vater nicht so gut. Oft ereignen sich Zufälle genau dann, wenn man sie braucht. Es ist fast, als hätte man es vorher geplant. Neben dem Lagerältesten hatte der Küchenkapo den größten Einfluß im Lager. Er saß an der Nahrungsquelle. Der Küchenkapo Ede kannte meinen Vater aus der Schreibstube und schätzte seine Intelligenz und seine diplomatischen Fähigkeiten, die wirklich außergewöhnlich waren. Ede hatte sich vorgestellt, daß Vater die Arbeit in der Küche für ihn organisieren und durchführen sollte. Er selbst müßte sich dann um nichts mehr kümmern. Ede versprach Nowak, ihn mit mehr Essen zu versorgen, wenn er meinen Vater in die Küche versetzen würde. Nowak ging darauf ein. Von nun an hatten wir genug zu essen. Vater konnte jederzeit Lebensmittel organisieren und sie mir, Schlamek oder einem Freund zustecken. Neben den Häftlingsrationen wurde in dem Küchenblock auch das Essen für die SS gekocht. Wenn der SS-Mann, der für die Küche verantwortlich war, und der Küchenkapo es erlaubten, verteilte Vater übriggebliebenes Essen vor dem Küchenblock.

Wieder einmal stellte er einen Kessel mit dem Rest Suppe vor den Block. Die Häftlinge, die sich in der Nähe aufhielten, durften sich für eine Extraportion anstellen. Ein junger Häftling stellte sich zweimal an. Als mein Vater ihm einschöpfen wollte, bemerkte er es und gab ihm ohne nachzudenken eine Ohrfeige. Es war ein Reflex. Mein Vater erschrak über seine eigene Reaktion. Nie wollte er jemandem etwas zuleide tun, schon gar nicht schlagen. Er nahm den Jungen beiseite und ging mit ihm in die Küche.

„Setzt dich! Willst du noch einen Teller Suppe und eine Kante Brot?" Laufend bot er ihm dies und jenes an und entschuldigte sich immerzu für die Ohrfeige. Er schämte sich dafür. Ich glaube, er hatte Angst davor, so zu werden wie viele andere, die eine privilegierte Arbeit im Lager hatten und ihre Macht und Stellung gegenüber den anderen Häftlingen ausspielten.

Die Verrohung, der Verlust der Moral und die Abstumpfung gegenüber der Gewalt waren wie eine Krankheit, die sich langsam in den Körper frißt. Man mußte ganz genau in sich hineinsehen und hören, um sie frühzeitig zu erkennen.

Der Junge aß und aß, bis sein geschrumpfter Magen nichts mehr aufnehmen konnte. Als er fertig war, sah er meinen Vater dankbar an und meinte: „Kannst du mir nicht jeden Tag eine Ohrfeige geben?"

Mein Vater erfuhr vom Lagerältesten Nowak, daß die Häftlinge aus dem Zwangsarbeitslager Markstädt nach Fünfteichen gebracht werden sollten. Die SS und auch Nowak wußten, daß die Häftlinge dort noch einige Wertsachen versteckt hielten, jedenfalls mehr als in einem anderen Lager möglich gewesen wäre.

„Die werden wir richtig filzen, wenn sie kommen", prahlte Nowak voll Begeisterung. Wir? Er meinte den SS-Unterscharführer Schrammel und sich. Schrammel würde ihm sicherlich etwas von seiner Beute abgeben.

Mein Vater versuchte, Nowak dies auszureden. Er machte ihm klar, daß es auch für ihn von Vorteil wäre, wenn die Markstädter ihre Wertsachen behielten. Sie könnten so im Lager ein wenig handeln. Da sie für die Organisation Todt arbeiteten und mehr Kontakt zu Zivilisten hatten, könnten sie leichter Waren von außerhalb organisieren. Nowak hörte auf meinen Vater. Doch es war zu gefährlich, auch Schrammel davon zu überzeugen.

Auf irgendeinem Wege mußten die Wertsachen nach Fünfteichen gebracht werden, bevor der Unterscharführer die Häftlinge durchsuchen ließ. Mein Vater hatte einen Plan. Ich sollte Kontakt zu einem der Markstädter Häftlinge aufnehmen, die bei Krupp in meiner

Schicht arbeiteten. Nach und nach sollte ich ihre Wertsachen ins Lager schmuggeln. Dies war möglich, weil wir auf dem Rückweg von Krupp nicht mehr untersucht wurden. Wir würden den Markstädtern die Wertsachen wieder zurückgeben, nachdem sie von der SS und den Kapos gefilzt worden waren.

Während einer Nachtschicht sprach ich den Häftling Bornstein an. Er kam aus Markstädt. Bornstein war für die Elektrik in der Halle verantwortlich. Ich erzählte ihm, daß Markstädt aufgelöst und alle Häftlinge nach Fünfteichen verlegt werden sollten. Dann erzählte ich ihm vom Plan meines Vaters. Er hörte mir gespannt zu. Ich sah, was in ihm vorging. Konnte er mir trauen? Was würde Fünfteichen für ihn und die anderen Häftlinge bedeuten? Ein neues Lager, neue Häftlinge, neue Strukturen, schlechtere Bedingungen als in Markstädt. Er war unsicher. „Ich muß darüber nachdenken und vor allem mit den anderen darüber reden", antwortete er und ging verstört weg. Schon in der nächsten Nacht willigte er in den Plan ein. Einige Wertsachen hatte er schon dabei.

In Markstädt waren etwa 3000 bis 4000 Menschen gefangen. Bornstein konnte nur mit wenigen sprechen und noch weniger von dem Plan überzeugen. Die Sachen, die er mir gab, versteckte ich in meiner Unterhose. Problemlos schmuggelte ich sie ins Lager. Während der ganzen Aktion hatte ich Angst, daß man mich erwischt. Die SS würde mich umbringen. Ich versuchte, nicht darüber nachzudenken. Aber vielleicht bringt mich ja morgen sowieso einer um. Es kann mich jeden Tag erwischen. Warum also nicht etwas für uns und die anderen Häftlinge riskieren? In den folgenden Nächten machten wir es genauso.

Bald darauf wurde das Zwangsarbeitslager Markstädt aufgelöst. Nahezu 4000 Häftlinge wurden nach Fünfteichen gebracht. Es überraschte uns sehr, als wir erfuhren, daß sie nur oberflächlich gefilzt wurden. Hatte Nowak es doch gewagt, Schrammel zu überzeugen, die Häftlinge nicht so stark zu filzen? Als die Markstädter in ihren Blöcken waren, gaben wir ihnen wie versprochen ihre Sachen zurück.

Die Abhängigkeiten im Lager machten die Tausch- und Bestechungsobjekte so wertvoll. Lagerälteste, Blockälteste und Kapos hatten weniger von der SS zu befürchten als ein normaler Häftling. Sie bekamen auch mehr zu essen, mehr Freiräume und andere Vergünstigungen. Deshalb waren diese Stellungen sehr begehrt. Um sie zu erlangen, mußte man aber etwas als Gegenleistung bieten. Der

Lagerälteste bestimmte unter den Häftlingen den Blockältesten. Um Blockältester zu werden und vor allem, um es zu bleiben, mußte er den Lagerältesten schmieren. Der erste Schreiber und die Kapos wurden ebenfalls vom Lagerältesten eingesetzt. Die Stubendienste vom Blockältesten, die unteren Schreiber wieder vom ersten Schreiber. Jeder bestach jeden und jeder würde profitieren von den Wertsachen der Markstädter. Es ging nicht um die Gegenstände und Wertsachen, sondern ums Überleben. Man wußte nie, ob die Bestechung noch für morgen reichen würde.

Die Markstädter Häftlinge waren ausschließlich Juden. Unter ihnen befand sich Herr Metz, Schlameks Vater. Als die beiden sich wiedersahen, fielen sie sich in die Arme. Sie hielten sich so fest, daß es schon wehtun mußte. War es ein Traum? Für den Fall, daß es einer wäre, wollten beide nicht so schnell daraus erwachen. Das Wiedersehen mit seinem Vater gab Schlamek Hoffnung und Kraft.

Die Markstädter mußten ihre zivile Kleidung abgeben. In Fünfteichen trugen sie gestreifte Häftlingskleidung wie wir. Bevor sie auf die Blöcke verteilt wurden, rasierten andere Häftlinge ihre Köpfe. Unter den Neuangekommenen ernannte der Lagerälteste Nowak die Blockältesten. Leider waren viele Rücksichtslose darunter.

Wieder bedienten die Nazis sich ihrer Opfer. Sie setzten die Moral und die Menschlichkeit außer Kraft. Macht, Brutalität und Haß waren gefragt.

Besonders gefürchtete Kapos und Blockälteste versuchte mein Vater zu bestechen. Er versprach ihnen mehr Brot für weniger Schläge. Die meisten gingen darauf ein.

Die meisten Markstädter arbeiteten weiterhin für die Organisation Todt, die später Organisation Speer genannt wurde. Es kam, wie es mein Vater vorhersah. Die Markstädter Häftlinge kamen viel häufiger mit Zivilisten zusammen als die Arbeiter bei Krupp. Da sie noch ihre wenigen Wertsachen hatten, organisierten sie Tabak und andere Waren, die als Tauschobjekt im Lager begehrt waren.

Bei den Häftlingen war bekannt, daß mein Vater gute Beziehungen zu Nowak hatte und daß er in manchen Angelegenheiten helfen konnte. Häftlinge, die untereinander Streit hatten oder von Kapos besonders drangsaliert wurden, suchten bei meinem Vater Rat. Wenn es möglich war, half er. Viele hatten somit Interesse daran, daß er in seiner Position blieb. Sie unterstützten ihn bei der Organisation von Bestechungsobjekten, wo es nur ging.

Vater war ein kluger, diplomatischer Mann. Obwohl Nowak sich freundschaftlich verhielt, war meinem Vater stets bewußt, daß er nur seinen Vorteil suchte. Das wichtigste in ihrer Beziehung war, daß der Küchenkapo und mein Vater ihn weiterhin mit mehr Essen versorgten. Auch die Flasche Schnaps, die mir Viktor in gewissen Zeitabständen besorgen konnte, war ein tragender Pfeiler dieser Beziehung.

Im Frühjahr 1944 holte die SS den Küchenkapo Ede ab und brachte ihn zurück ins Hauptlager nach Groß-Rosen. Er war in eine unangenehme Geschichte verwickelt, die irgendetwas mit Gold zu tun hatte. SS-Mann, Groß-Rosen, Gold, das waren die Worte, die mein Vater aufschnappte, als Ede abgeholt wurde. Edes Nachfolger wurde Paul Ludwig, ein deutscher „Politischer" aus Groß-Rosen. Ludwig gehörte zu der seltenen Sorte der guten Kapos. Viele Häftlinge, sogar manche SS-Männer, hatten Respekt vor ihm. Diesen Respekt verschaffte er sich aber nicht durch Gewalt. Er war ein intelligenter und selbstbewußter Mann.

Ludwig liebte das Kartenspiel. Mein Vater, der ebenfalls ein leidenschaftlicher Kartenspieler war, spielte mit ihm. Ludwig schätzte sein Können und seine Raffinesse. Es dauerte nicht lange, und mein Vater hatte Ludwig für sich gewonnen.

Irgendwann verlangte der Lagerälteste Nowak von Ludwig und meinem Vater, daß sie für ihn Schnaps brennen. Nowak wollte eine sichere Quelle. Ludwig konnte als Küchenkapo von dem Zucker, der für die SS bestimmt war, etwas abzweigen. Aber woher sollten sie die Gerätschaften zum Brennen nehmen?

Mein Vater überredete die Markstädter, ihm zu helfen. Nach und nach besorgten sie außerhalb des Lagers einen Metallbehälter, die nötigen Kupferleitungen, Schläuche, Klemmen und was man sonst alles zum Schnapsbrennen braucht. Wie es ihnen gelang, den Kessel und die anderen Sachen unbemerkt ins Lager zu schmuggeln, weiß ich nicht. Vielleicht hatte da schon Unterscharführer Gallasch seine Hände im Spiel.

Gallasch war nach Schrammel und Seibold der letzte Rapportführer in Fünfteichen. Mit Nowak verband Gallasch ein besonderes Interesse. Für beide war das Schnapstrinken eines der wichtigsten Dinge im Leben. Gallasch sorgte dafür, daß die Schnapsbrennerei unentdeckt blieb. Es gab immer SS-Leute, die die Stellung ihres Kameraden einnehmen wollten und nicht zögerten, eine Meldung ins Hauptlager Groß-Rosen weiterzugeben. Offiziell wußte Gallasch von nichts. Wäre das Brennen entdeckt worden, hätten mein Vater, Ludwig und selbst Nowak nicht mit seiner Hilfe rechnen können. Gallasch selbst hätte ihre Bestrafung angeordnet.

Ludwig und mein Vater versteckten alle Gerätschaften und Rohstoffe in einem kleinen abgeschlossenen Raum im Keller der Küche. Wenn ich daran denke, wie gefährlich dieses Unternehmen war, kann ich mir heute nicht mehr vorstellen, daß sie dieses Risiko eingingen. Aber sie hatten keine Wahl. Hätten sie sich geweigert, Schnaps zu brennen, hätte sie Gallasch aus der Küche abgezogen und wäre anschließend nicht zimperlich mit ihnen umgegangen.

Eines Tages stand unerwartet Unterscharführer Gallasch in der Küche. Ludwig war gerade nicht im Block.

„Ich brauche Schnaps", sagte er zu meinem Vater. Es war aber keine Flasche da.

„Wenn ihr nicht weiter brennt und ich keinen Schnaps bekomme, mach ich deinen Sohn fertig", drohte er.

Während der ganzen Zeit arbeite ich weiter in der Nachtschicht bei Krupp. Der Blockführer und der Kapo sind nicht in der Nähe, als der Oberscharführer Langner an meinen Schreibtisch tritt. Er ist für die gesamte Wachmannschaft der Nachtschicht verantwortlich. Ohne ein Wort zu sagen, schiebt er mir ein Brot über den Tisch. Ich wundere mich über ihn.

Nach einigen Nächten sehe ich ihn wieder. Diesmal spricht er mich an. „Woher kommst Du?", fragt er mich.

„Ich bin Jude, und in Braunschweig geboren."

Er erzählt von sich. Er heißt Helmut Langner und stammt aus Patschkau in Oberschlesien.

Als ich ihn das nächstemal traf, gab er mir ein Buch. „Der Untertan" von Heinrich Mann. Der Roman stand damals auf der Liste der verbotenen Bücher. Heimlich las ich es während der Nachtschicht. Ich verschlang es, denn es waren die ersten geschriebenen Sätze, die ich seit langem gelesen hatte. Sätze, die nichts mit Nummern zu tun hatten. Die Lektüre half mir, denn ich vergaß ein wenig, wo ich mich befand.

Ich kann Schlamek nur sonntags treffen. Er arbeitet weiterhin in der Tagesschicht. Wochentags hält Vater den Kontakt zu ihm. Er steckt ihm Essen zu. Das Leben in den anderen Blocks ist viel schwerer und gefährlicher als bei uns in Block 3. Dreimal soviel Menschen sind darin untergebracht. Schlamek verhält sich ruhig, um nicht aufzufallen.

Auch in Fünfteichen war es überlebenswichtig nicht aufzufallen. Auch hier beherrschte die SS das Quälen und Töten.

Herr Glogowski kam mit den Häftlingen aus Markstädt nach Fünfteichen. Er war auf dem Betriebsgelände unterwegs, als er eine kleine Handtasche auf dem Boden liegen sah. Ehrlich, wie er war, wollte er sie bei seinem Kapo abgeben. Andere Häftlinge rieten ihm davon ab, weil er doch nur Schwierigkeiten bekommen würde. Er aber tat es trotzdem. Schnell fand die Verwaltung die Eigentümerin. Sie behauptete, daß 100 Reichsmark aus der Tasche fehlten. Sofort verdächtigten sie Glogowski. Er beteuerte immer wieder seine Unschuld. Zurück im Lager, verurteilte man ihn zu 25 Stockhieben. Der erste Schreiber, ein deutscher Krimineller, schlug ihn 25 mal aufs Gesäß. Er war gerade fertig, als Nowak herein kam. Nowak belehrte den Schreiber, daß er nicht das Recht gehabt hätte, die Strafe auszuführen. Daraufhin erhielt Glogowski von Nowak nochmal 25 Hiebe. Anschließend betrat Rapportführer Gallasch die Schreibstube. „Der Häftling hat ja 25 Schläge zuviel bekommen. Also muß ich wieder 25 Schläge zurücknehmen", bemerkte Gallasch zynisch. Und wieder bekam Glogowski 25 Stockhiebe. Nur noch ganz schwach konnte er dabei von 25 rückwärts zählen.

Man brachte ihn ins Krankenrevier. Es ist unglaublich, daß er mit diesen Verletzungen überlebt hat. Das Mädchen, das die Tasche verloren hatte, kam während der Tagesschicht bei Krupp zu Glogowskis Kapo. Sie entschuldigte sich. Sie hätte die 100 Reichsmark zu Hause in einer Schublade wieder gefunden. Glogowski erhielt 100 Zigaretten als Finderlohn.

Der junge russische Kriegsgefangene schlief wie wir in Block 3. Er war Kleptomane. Schon öfter hatten die Kapos ihn beim Stehlen erwischt und dafür mit Schlägen bestraft. Ich war gerade im Block, als er abends in die Baracke kam. Wieder hatten sie ihn beim Stehlen ertappt, und wieder erhielt er 25 Schläge auf das Gesäß. Diesmal schlugen sie jedoch etwas höher. Sie zerfetzten seine rechte Niere. Mit geschwollener Seite und mit großen Schmerzen begann er zu tanzen. Er tanzte einen Kasatschok, den russischen Volkstanz. Mit verzerrtem und zugleich stolzem Gesicht sprang er hoch, wieder in die Hocke und wieder hoch. Um ihn herum klatschten die anderen im Takt. Mit diesem Tanz trotzte er den Nazis – ihr könnt mich schlagen, doch brechen könnt ihr mich nicht. Er starb in der Nacht.

Beim Morgenappell fehlten zwei Häftlinge. Kapos und Wachmänner suchten nach ihnen. Alle anderen Häftlinge mußten auf dem Appellplatz stehenbleiben und warten. Plötzlich liefen ein Pole und ein Ukrainer auf den Platz und reihten sich ein. Die SS-Männer fragten nicht, warum sie zu spät kamen. Sie stießen sie aus der Reihe und führten sie ins Krankenrevier. Dort ließen sie ihnen Gift injizieren. Die Nazis nannten es „abspritzen".

Es war Winter. Zwei Häftlinge hatten Streit und kämpften miteinander. Der Blockälteste meldete den Vorfall in der Schreibstube. Einer der Häftlinge verletzte den anderen über dem Auge. Die Wunde blutete. Gallasch und der Blockführer warteten, bis der Kampf vorbei war und führten den Sieger anschließend vor das Krankenrevier. Er mußte vor dem Block stehenbleiben. Die Nazis übergossen ihn mit Wasser. Er durfte sich nicht von der Stelle rühren. Obwohl sie weggingen, blieb er vor Angst stehen. Es dauerte nicht lange und sein Körper war von einer dünnen Eisschicht überzogen. Er erfror.

An einem Morgen kam ich von der Nachtschicht zurück. Ich sah, wie zwei SS-Männer durch Tor 1 ins Lager hineingingen. Sie hatten einen Mann in ihre Mitte genommen, der das deutsche Eiserne Kreuz an der Brust trug. Sie wollten ihn zur Schreibstube bringen. Auf dem Weg dorthin fragte ihn einer der SS-Männer, was er hier wollte und wer er war.

„Ich bin Deutscher", antwortete der Mann, und zeigte auf das Eiserne Kreuz aus dem ersten Weltkrieg. Sie blieben stehen.

„Du bist Jude, ein Saujud", brüllte ihn der SS-Mann an und begann auf ihn einzuschlagen. Unter den Schlägen beteuerte der Mann immer wieder, daß er Deutscher war und daß er doch getauft sei. Der SS-Mann hörte nicht zu. Er prügelte und trat weiter. „Du bist ein Saujud, und sonst nichts." Der Mann gab auf, und sagte nur noch leise: „Ich bin ein Saujud, ich bin ein Saujud." Der SS-Mann hörte nun auf. Blutüberströmt blieb der Mann mit dem Eisernen Kreuz am Boden liegen. Keiner der Häftlingen durfte ihm helfen. Er starb.

Was ist es, was sie so gnadenlos und unerbittlich macht? Sie sind wie im Rausch, wenn sie töten. Unter ihnen ist man gut angesehen, wenn man tötet. „Bravo, gut gemacht, ein Saujude, ein Russenschwein weniger!"

Was fühlen diese Menschen? Fühlen sie überhaupt etwas? Aber sie müssen doch träumen? Wenn sich nachts ihr Gewissen rührt, schrecken sie dann auf und fühlen sich schuldig? Ich möchte es wissen.

Aber nicht nur die SS tötete, wie es ihnen paßte. Vor einigen sehr brutalen Häftlingen mußte man sich höllisch in acht nehmen.

Nach 12 Stunden Nachtschicht ging ich eines Morgens in unseren Block, um zu schlafen. Der Blockälteste Misar, die Polen Lewandowski und Krafczyk waren auch im Block.

„Gleich wird hier sauber gemacht. Geht in den Waschraum rüber, da könnt ihr euch auf die Dielen-Bretter legen", befahl uns Misar. Die Bretter befanden sich unter der Waschrinne. Mühsam krochen wir unter die Rinne und legten uns hin. Obwohl es sehr unbequem war, schliefen wir ein.

Schlagartig wache ich auf. Was ist das? Ich höre ein Röcheln und dazwischen immer wieder „Spasiba, Spasiba". Auch die anderen sind aufgeschreckt. Wie Tiere im Versteck liegen wir unter der Waschrinne. Keiner wagt einen Laut von sich zu geben. Im vorderen Teil des Waschraumes stehen der Lagerkapo Jozek, ein polnischer Krimineller, und der SS-Mann Kritza. Beide sind wegen ihrer Gewaltausbrüche gefürchtet. Der Waschraum ist groß und langgestreckt. Da sie am Eingang stehen, können sie uns nicht sehen. Vor ihnen liegt ein russischer Kriegsgefangener am Boden. Sie haben den Stiel einer großen Schaufel über seinen Hals gelegt. Abwechselnd treten Jozek und Kritza auf die Enden. Wie bei einer Kinderwippe schaukeln sie auf dem Hals des Russen hin und her. Dazwischen ruft er „Spasiba", das heißt Dankeschön. Er ist kaum noch zu hören, doch er versucht es immer wieder. Er hofft, daß die beiden von ihm ablassen. Aber sie quälen ihn solange, bis er tot ist.

Ich kann keine gezielte Bewegung machen. Meine Muskeln zittern. Mir wird schlecht. Ich kann mich nicht mehr halten. Ich muß mich übergeben. Jetzt bemerken sie uns. Erschrocken rufen sie: „Raus da!"

Ich würge immer noch, als Jozek mich am Arm hervorzieht.

„Habt ihr was gesehen?", fragt Kritza. Auch Lewandowski und Krafczyk sind verstört und voller Angst.

„Habt ihr was gesehen, will ich wissen", brüllt Kritza.

Schnell antworte ich: „Nein, nein, wir haben gar nichts gesehen."

„Wenn ihr was gesehen habt, wißt ihr ja schon, was euch morgen passiert", droht uns Jozek. Er und Kritza schleifen den Toten aus dem Waschraum. Ich weiß nicht, was sie als Todesursache angeben, aber es interessiert an diesem Tag wahrscheinlich auch niemanden. Wir stehen immer noch im Waschraum und können uns nicht bewegen.

Ich wollte zu meinem Vater. In der Küche fand ich ihn nicht. Verstört lief ich zu Block 3. Er saß auf seiner Pritsche. Hastig erzählte ich ihm, was geschehen war. Misar, unser Blockältester, hörte mit und sagte: „Vergiß es, sei froh, daß sie dich nicht dran nehmen."

Ich kann doch nicht einfach so tun, als wäre nichts passiert, dachte ich. Ich wehrte mich gegen seinen Rat „Vergiß es!". Würde ich es tun, wäre ich doch auch schuldig! In gewisser Weise fühlte ich mich bereits schuldig. Warum bin ich nicht aufgesprungen und habe dem Russen geholfen? Warum haben die anderen beiden es nicht getan? Die Antwort ist einfach.

Die Mörder Jozek und Kritza hätten auch uns umgebracht. Sicher sogar. Aber trotzdem. Diese Hilflosigkeit macht mich verrückt. Ich bin so wütend auf mich, auf das Gefangensein, auf die anderen, auf die ganze Welt. Ich kann nichts gegen das Unrecht tun, nichts gegen die Nazis, nichts gegen die brutalen Kriminellen, ich muß wegsehen, ich muß weghören, ich kann nicht die Hand erheben. Am liebsten würde ich Jozek und Kritza eigenhändig umbringen. Mein Vater sieht, was in mir vorgeht und macht mir klar, daß ich mir keine Vorwürfe machen muß.

Wenn man in Jozeks Gesicht blickte, konnte man nicht erahnen, welche Grausamkeit und Brutalität in ihm steckte. Sein Haar war blond, seine Augen wasserblau und seine Gesichtszüge edel und klar. In sauberen Kleidern würde er aussehen wie ein Märchenprinz. Wie kann ein Mensch, der so schön ist, einen derart teuflischen Charakter besitzen?

In Fünfteichen waren an verschiedenen Stellen Holzfässer aufgestellt, die immer mit Wasser gefüllt waren. Ich glaube, sie sollten als Löschwasser dienen, falls die Baracken brannten. Für Jozek waren sie Folterinstrumente. Es geschah oft, daß er Häftlinge mit dem Kopf in diese Fässer tauchte. Manche starben dabei. Neben seinem Spiel mit der Schaufel war dies seine zweitliebste Tötungsart.

Und alles geht weiter wie bisher. Jozek, der Lagerkapo mit dem Engelsgesicht, lebt weiter seine Brutalität aus. Die SS-Leute nicken wohlwollend, klopfen ihm auf die Schulter. „Gut gemacht, Jozek, weiter so", wenn sie nicht gerade selber Hand anlegen. Die Häftlinge arbeiten, haben Angst und hoffen. Sie hoffen, nicht im nächsten Moment einer Laune der Mörder ausgeliefert zu sein.

Immer noch kamen neue deutsche Kriminelle, Politische, russische und polnische Häftlinge ins Lager. Die meisten Kriminellen wurden sofort von der SS in die Pflicht genommen und als Kapos eingesetzt. Andere Kriminelle, die ihre Strafe verbüßt hatten, wurden wieder entlassen. Ein ständiger Wechsel der Kapos.

Ich sah viele Kapos. Brutale Kriminelle, sanfte Kriminelle, homosexuelle Kriminelle, gerechte Kriminelle. Ein wirklich breites Spektrum. Fritz Knopf zum Beispiel wurde kurz nach seiner Ankunft Kapo bei der Nachtschicht. Er war ein „Edel-Krimineller" mit Stil. Schläge auszuteilen hielt er für entwürdigend. Einmal sagte er zu mir: „Otto, weißt Du, was mein größter Wunsch ist? Ich möchte in Berlin Unter den Linden spazieren gehen, mir ein schönes Juweliergeschäft aussuchen und es dann nachts ausrauben."

Der politische Häftling Hugo Bachmann, der uns erzählte, daß er im Spanischen Bürgerkrieg als Offizier auf der Seite der Kommunisten gekämpft hatte, täuschte die Bestrafungen der Häftlinge nur vor. Dann Helmut Kirchhoff, ein Homosexueller. Er war Hitlerjugendführer. Sie erwischten ihn, als er die Hitlerjugend verführte. Er wollte mich immerzu davon überzeugen, daß der Sex mit einem Mann besser sei als mit einer Frau. Auch er wollte nicht schlagen. Und dann die vielen anderen, deren dunkle Seiten zum Vorschein kamen, ohne daß es Folgen für sie hatte.

Juni 1944. Während der Nachtschicht nahmen deutsche Arbeiter jetzt häufiger Kontakt mit mir auf. Sie gaben mir ein Stück Brot oder eine kleine Flasche Bier. Einer steckte mir ab und zu einige Seiten einer deutschen Zeitung zu. Ich schmuggelte sie ins Lager und gab sie meinem Vater. In diesen Zeitungsberichten war von planmäßigem Rückzug zu lesen. Planmäßig, was soll das heißen? Die Hoffnung wuchs, daß die Deutschen den Krieg bald verlieren, und das Reich der Nazis ein Ende haben würde.

Wieder steckte mir der deutsche Arbeiter Zeitungsblätter zu. Er würde nach Essen abhauen, flüsterte er. Die Invasion in der Normandie sei geglückt. Diese Nachricht hörte er bei der englischen BBC. Immer, wenn die SS die neuesten Meldungen im Radio verfolgte, versuchte ein Häftling in der Nähe zu sein, um zu lauschen. Alle Zeichen deuteten auf ein baldiges Ende des Krieges hin.

Viktor kam nicht mehr in die Fabrik. Er mußte krank sein, vermutete ich. Er hätte mir sicherlich erzählt, wenn er Urlaub gehabt hätte oder aus einem anderen Grund ein paar Nächte nicht zur Arbeit kommen würde. Ich wartete ab. Sobald ich die Produktionshalle betrat, hielt ich Ausschau nach ihm. Doch er kam nicht mehr. Viktor fehlte mir sehr. Ich vermißte die Gespräche mit ihm. Jetzt, nachdem er weg war, wurde mir bewußt, welchen Halt er mir gab. Er war ein Freund, der mich mochte, wie ich war. Er verstand, was mich bewegte. Er war der Einzige, dem ich meine geheimen Gefühle und Ängste andeutete. Und ich konnte mit ihm lachen. Verhalten zwar, fast ängstlich. Lachen, ein positives Gefühl zulassen, das fiel mir nicht leicht. Darf ein Jude lachen, solange andere sterben, nur weil sie Juden sind? Ich fühlte mich oft schuldig, wenn ich lachte. Wenn es aber trotzdem geschah, merkte ich, daß Lachen Medizin für meine Seele ist. Viktor gab mir mit seiner Freundschaft mehr als er vermutete.

Durch die Gespräche mit ihm wagte ich wieder an ein Leben als freier Mensch zu denken. Aber es tat auch weh, von der Welt draußen zu träumen, während das Lager für mich die einzige Realität war. Doch mit meinen Träumen bewahrte ich mir einen Funken Hoffnung. Manchmal, wenn ich mich treiben ließ, wurde aus dem Funken ein großes Feuer. Dann wurde es wieder ganz klein, der Funken kaum sichtbar. Das wichtigste aber war, daß er da war. Ich weiß nicht, was mit Viktor geschehen ist. Ich werde ihn nie vergessen.

Es muß Oktober 1944 gewesen sein, als ich ins Krankenrevier versetzt wurde. Im Revier wurden nur Häftlinge des Lagers behandelt. Ich arbeitete als Hilfsschreiber unter dem 1. und 2. Schreiber des Reviers. Über ihnen stand Willi Heinrich, der Revierkapo. Alle unterstanden dem SS-Sanitätsdienst.

Fünf Ärzte arbeiteten im Revier. Sie waren Häftlinge. Unter ihnen hatte Dr. Zabranny, ein polnischer Jude, das Sagen. Dr. Sternberg, Dr. Scholtys und Dr. Hegedisch und noch ein weiterer Arzt aus Markstädt waren ihm unterstellt. Dr. Zabranny war ein kaltherziger, mitleidsloser Arzt. Die Kranken waren ihm gleichgültig. Wenn sie vor Schmerzen stöhnten und schrien, schlug er sie ins Gesicht. Er war voller Haß und Brutalität. Dr. Scholtys und Dr. Hegedisch dagegen waren um die Menschen besorgt, gaben ihnen Mut und wollten ihnen mit ihrer ganzen Kraft helfen. Dr. Scholtys war in Budapest ein bekannter Chirurg gewesen. Bestand auch nur eine geringe Überlebenschance, versuchte er den Kranken zu retten. Er operierte unter den schlechtesten Bedingungen, die man sich vorstellen kann. Einigen konnte er helfen. Viele aber starben trotz gelungener Operation wegen der schlechten hygienischen Verhältnisse und der mangelhaften Verpflegung.

Nach der großen Selektion im Sommer 1944 waren nur noch etwa 20 bis 30 Kranke zu betreuen. Damals kam ein SS-Arzt aus dem Konzentrationslager Groß-Rosen nach Fünfteichen. Er selektierte mehrere Hunderte kranke und schwache Juden für einen Transport nach Auschwitz. Alle im Lager nahmen an, daß diese Häftlinge in Auschwitz getötet wurden.

Neben dem eigentlichen Krankenrevier gab es noch einen Block, in dem nur Tuberkulosekranke untergebracht waren. Es waren meist deutsche Häftlinge. Diese Kranken wurden in Ruhe gelassen. Nur Dr. Hegedisch, der in Ungarn Lungenfacharzt war, kümmerte sich um sie. Die SS wollte nicht mal in die Nähe des Blockes kommen, denn sie hatten Angst davor, sich anzustecken.

Als Hilfsschreiber im Krankenrevier fühlte ich mich relativ sicher vor den Launen der SS und der Kapos. Ich mußte die Listen der Kranken erstellen und fortführen. Eigentlich hätte ich froh sein müssen, hierher versetzt zu werden, doch da war die Sache mit den Toten. Ich mußte sie mit dem Konzentrationslager Groß-Rosen „abrechnen". Tote Häftlinge, langsam Gestorbene und Ermordete.

Wir trugen die Leichen in den Keller des Krankenreviers. Ich mußte den Toten die Jacken ausziehen. Die Nummer, die auf der Jacke stand, in die Liste eintragen. Daneben die Todesursache. Herzversagen, Kreislaufkollaps, Lungenkrankheit – ich konnte mir eine Todesursache aussuchen. Nur die Wahrheit durfte ich nicht wählen. Anschließend schrieb ich ihnen mit einem speziellen Stift die Häftlingsnummer auf die Brust. Wenn genug Leichen im Keller waren, brachte die SS sie ins Hauptlager nach Groß-Rosen. Ich dachte, der Tod könne mich nicht mehr erschrecken. Doch ich war noch nicht soweit.

Ich bin allein mit den Körpern im Keller. Manche Augen sind noch aufgerissen. Sie starren mich an. Besonders schlimm ist es, wenn ein Mensch vor mir liegt, den ich kannte. Die ersten Tage kann ich nichts essen. Nachts kann ich nicht schlafen. In meinen Träumen sehe ich die Köpfe der Toten mit den geöffneten Augen. Die Köpfe starren mich an und fragen mich etwas. Ich kann sie aber nicht verstehen. Sie starren mich an und verlangen eine Antwort von mir. Ich kann sie ihnen aber nicht geben.

In dieser Zeit dachte ich wieder an Miodownik, meinen toten Freund. Ich wollte ihn nie vergessen, ich wollte doch von ihm erzählen. Irgendwann tauchte die Erinnerung an ihn und seinen Tod in einen dichten Nebel. Ich glaube, es geschah, als ich mich in Auschwitz immer mehr verschloß. Laß nichts an deine Seele, was sie zerbrechen läßt! Keine Gefühle, die dich zerreißen, keine Erinnerungen, die dir weh tun! Wenn ich den Toten die Nummern auf die Brust schreibe, kann ich mich nur schwer an diese Regel halten.

Ich war etwa vier Monate Schreiber im Krankenrevier. Ich gewöhnte mich langsam an die Toten. Ich nahm sie einfach nicht mehr als Tote wahr. Nur so konnte ich ihnen die Jacken ausziehen. Nur so konnte ich ihnen die Nummer auf die Brust schreiben. Nur so war es möglich für mich.

Hinter uns liegt roter Schnee

Immer öfter hörten wir schwachen Kanonendonner. Sie kämpften nicht mehr weit entfernt.

Im Januar 1945 kam der Befehl, Fünfteichen zu evakuieren. Die 4500 bis 5000 Häftlinge sollten zu Fuß ins Hauptlager Groß-Rosen marschieren. Die Häftlinge des Krankenreviers mußten in Fünfteichen bleiben. Mein Vater und andere Häftlinge überlegten, ob sie sich besser krank melden und im Revier bleiben sollten. Bis zur Befreiung würde es wahrscheinlich nicht mehr lange dauern. Dann ging das Gerücht um, daß die SS die Häftlinge des Krankenreviers sicherlich alle erschießen würde, bevor sie das Lager räumten. Wir entschieden, uns nicht krank zu melden.

Am 21. Januar begann die Evakuierung des Lagers. Der Schnee lag hoch, und es war eisig kalt. Wir trugen nur dünne Jacken und einfaches Schuhwerk. Wer Papier oder alte Zementsäcke fand, band sie sich als Kälteschutz um die Füße.

Um den Oberkörper hatten wir unsere Decke gewickelt. Zum letztenmal mußten wir uns auf dem Appellplatz aufstellen. Jedem Häftling gaben sie ein Stück Brot.

Herr Schächter und die beiden Brüder Ickowicz, die in der Küche arbeiteten, mein Vater und ich, wir alle wollten versuchen, während des Marsches zusammenzubleiben. Ich hielt Ausschau nach Schlamek und seinem Vater. Ich konnte sie nicht finden. Es herrschte ein großes Durcheinander im Lager.

Links und rechts von den Häftlingen standen SS-Leute. Sie waren nervös. Ständiges Gebrüll und lautes Hundegebell. Ich konnte die Laute kaum von einander unterscheiden. Sie brüllten wie Tiere herum. Immerzu fielen Häftlinge um. Die Kapos und die Wachmänner prügelten sie wieder hoch.

Wir marschierten los. Ein SS-Hundeführer fuhr auf seinem Motorrad am Ende des Menschenzuges. Mein Vater, ich und die drei anderen aus der Küche befanden sich im letzten Drittel der Schlange. Nach wenigen Kilometern fielen die ersten Schüsse. Viele Häftlinge hatten keine Kraft mehr, in der Kälte und im Schnee weiterzugehen. Sie traten zur Seite und setzten sich in den Schnee, um auszuruhen. Die Nazis erschossen sie. Menschen, die nicht mehr aufrecht gehen konnten, zogen sie aus der Reihe. Genickschuß. Manche ließen sie noch für den Hundeführer am Schluß übrig. Erschöpft, fast erfroren, saßen Menschen im Schnee und warteten auf ihren Tod.

Wir gehen an schon Getöteten und gleich Toten vorbei. Hinter uns und vor uns hören wir die Schüsse.

Ich friere so. Ich bete, daß Vater den Marsch überlebt. Er ist trotz der Anstrengung sehr beherrscht. Ich glaube, er hat keine Angst mehr vor dem Sterben. Ich fühle, daß er sein Leben in Gedanken an sich vorbeiziehen läßt und dabei mechanisch einen Fuß vor den anderen setzt.

Ich sehe Langner, den Oberscharführer, der mir damals bei Krupp das Buch gab. Auch er erkennt mich und kommt zu mir rüber. Ich flehe ihn an, uns und vor allem meinem Vater zu helfen. Ich habe noch nicht zu Ende gesprochen, als Langner einhakt. „Wenn es gar nicht mehr geht, werde ich deinen Vater auf den Transporter am Kopf des Zuges setzen. Ihm wird nichts geschehen." Ohne abzusetzen fügt er schnell hinzu, daß dies aber nur für meinen Vater gilt. Er könne sonst niemandem helfen.

Mein Vater wird den Marsch durchstehen. Dieser Gedanke beruhigt mich sehr. Während des Marsches kommt Langner immer wieder zu uns und fragt: „Na, wie geht es dem alten Herrn?"

Wir marschieren weiter. Vorbei an toten und halbtoten Menschen. Mein Blut darf nicht kalt werden. Ich versuche nur an meinen Körper zu denken. Meine Füße. Sie sollen einfach weiter gehen. Egal, was um mich herum passiert. Ich darf nicht an die toten Menschen denken, die im Schnee zurückbleiben. Bekannte, blutverschmierte Gesichter. Ich sehe weg. Ich kann diesen Marsch nur überstehen, wenn ich an meinen Körper denke, und ans Weitergehen. An sonst nichts.

Spät abends kamen wir zu zwei großen Scheunen. Die Wachen trieben uns hinein. Jede Scheune wurde bis zum letzten Winkel mit Menschen vollgestopft. Wer nicht mehr hineinpaßte, verbrachte die Nacht im Schnee. Wir hatten keinen Platz, um uns hinzulegen. Die ganze Nacht hockten wir auf dem Boden, kraftlos und hungrig. Es war sehr kalt. Warum bringen sie uns nicht gleich um? Ich zweifelte daran, den nächsten Tag durchzustehen.

Am Morgen mußten wir uns wieder in Fünferreihen aufstellen. Viele von uns standen nicht mehr auf. Sie blieben einfach zwischen den in der Nacht Gestorbenen liegen. Als wir vor den Scheunen standen, hörten wir aus dem Inneren Schüsse. Sie erschießen noch schnell die Halbtoten, dachte ich. In der zweiten Scheune hatten sich einige Häftlinge in den Strohballen versteckt. Gallasch und sein Gehilfe Hess stießen mit Heugabeln in die Haufen. Die Opfer, die herauskamen, erschossen sie auf der Stelle.

Viele Häftlinge, die im Freien übernachteten, waren erfroren. Soviele Tote um mich herum. Der Durst der Nazis ist nicht zu stillen.

Plötzlich steht der Küchenkapo Ludwig vor mir und sieht, daß ich fürchterlich friere. Er gibt mir seine Jacke. Er selbst hat noch einen dicken Mantel an. Ich lächle ihn an. Woher dieser gerissene Kerl wohl den Mantel organisiert hat, frage ich mich. Der gute Ludwig hilft mir mit dieser Jacke zweimal. Jetzt schützt sie gegen die Kälte, später in Groß-Rosen rettet sie mir das Leben.

Es wird schwerer, die Füße zu heben. Immer wieder fallen Schüsse. Wenn ich nicht weiter gehe, erschießen sie mich. Wir sehen einen anderen Menschenzug. Es sind Flüchtlinge. Sie fliehen mit ihrem Hab und Gut vor den Russen nach Westen. „Es geht zu Ende", denke ich.

Nach ungefähr 100 Kilometern stehen wir vor dem Konzentrationslager Groß-Rosen bei Striegau. Wir, das sind noch etwa die Hälfte der Häftlinge aus Fünfteichen.

Hinter uns liegt roter Schnee.

Noch einmal sah ich Langner. „Bis zu diesem Tor konnte ich euch noch helfen. Dahinter kann ich nichts mehr tun", sagte er zu uns. Oberscharführer Langner war SS-Mann. Trotzdem half er uns.

Groß-Rosen

Groß-Rosen bestand aus zwei Teilen, dem alten und dem neuen Lager. Im Gegensatz zum alten Lager, in dem mehrere Baracken vorhanden waren, stand im neuen Lager nur eine einzige große Halle, die nach einer Seite hin offen war. Um das Lager verlief ein elektrischer Zaun. Die Kapos und alle deutschen Häftlinge aus Fünfteichen kamen ins alte Lager, die übrigen ins neue. Vater, ich und die anderen drei konnten einen Platz in der Halle ergattern. Häftlinge, die nicht mehr hinein konnten, verteilten sich im Freien. Sie kauerten sich an die Außenwände der Halle, um Schutz vor dem kalten Wind zu finden. Es müssen etwa 1500 Häftlinge gewesen sein, die sich vor Erschöpfung auf die nasse, kalte Erde setzten und warteten, was geschehen würde.

Ich bin sehr unruhig. Wenn sie uns hier in der Kälte nur rumsitzen lassen, werden wir sterben. Oder töten sie uns noch heute, vielleicht morgen früh? Das scheint mir die einzige Erklärung für ihr Verhalten. In der Halle sehen wir Schlamek und seinen Vater wieder.

Doch sie töteten uns nicht. Sie ließen uns einfach auf dem Boden im neuen Lager sitzen. Ständig kamen mehr Häftlinge hinzu. Sie wurden aus vielen anderen Lagern nach Groß-Rosen gebracht. Manche waren von Sinnen und schrien und weinten ohne Ende. Andere starben kurz nach ihrer Ankunft. Die Nazis gaben uns wenig zu essen. Ein kleines Stückchen Brot und manchmal ein wenig Suppe. Zu trinken bekamen wir nichts. Wir leckten das Wasser aus den Pfützen oder ließen Schnee in unserem Mund schmelzen, wenn wir noch ein wenig auf dem zertrampelten Boden fanden. Die Kälte, der Hunger, die Stimmen, das Weinen, der Gestank, das Warten, das Sterben war die Hölle.

Die SS fragte nach den Schreibern aus Fünfteichen. Als ehemaliger Revierschreiber meldete ich mich. Von nun an mußte ich tagsüber ins alte Lager, um die Häftlingslisten für das neue Lager zu vervollständigen. Ich trug neue Häftlinge in die Liste ein, die Nummern der Gestorbenen strich ich. Abends schickten sie mich ins neue Lager zurück.

Die Verhältnisse im neuen Lager waren unbeschreiblich schlecht. Die Zahl der Toten stieg jeden Tag. Was haben sie nur mit uns vor? Warum töten sie uns so langsam?

An einem Morgen war ich auf dem Weg zur Schreibstube. Hinter dem rechten Zaun sah ich neu angekommene Häftlinge. Sie trugen zivile Kleidung. Ich glaubte, Gesichter zu erkennen. Ohne an die Wachmänner zu denken, ging ich an den Zaun, um mit den Neuangekommenen zu sprechen. Einer von ihnen erzählte mir, daß sie aus dem Zwangsarbeitslager Annaberg hierher gekommen seien.

Ich erinnerte mich, daß die Deutschen in einer ihrer ersten Aktionen etwa 400 junge Juden aus Sosnowitz und Umgebung ins Zwangsarbeitslager Annaberg geschickt hatten. Da die Russen näher rückten, hatten die Deutschen auch dieses Lager aufgelöst. Einige, die dicht am Zaun standen, nannten mir hastig die Namen ihrer Verwandten und fragten mich, ob ich etwas über sie wüßte.

Plötzlich steht ein kleiner, untersetzter SS-Mann neben mir. Er schlägt mir ins Gesicht. Ich falle automatisch zu Boden. Als langjähriger Häftling lernt man, daß es besser ist, sofort hinzufallen, wenn man geschlagen wird. Dies hat zwei Vorteile. Zum einen entstehen Pausen zwischen den Schlägen, und zum anderen hat man die Chance, daß sie eher mit dem Schlagen aufhören.

„Steh auf", schreit er und zieht mich an meiner Jacke hoch. „Woher bist du?"

„Aus Braunschweig", antworte ich voller Angst.

Er sieht mich kurz an, überlegt und sagt dann „Hau ab!"

Ich laufe rüber zur Schreibstube.

Er hatte mich nicht erschossen. Die Nazis erschießen Juden normalerweise in solchen Situationen. Warum hatte er mich nicht erschossen? Wieder war ein Wunder geschehen und ich lebte noch. Lange grübelte ich darüber. Warum ließ er mich gehen?

Dann fiel mir ein: Ich hatte Ludwigs Jacke an, die er mir auf dem Todesmarsch von Fünfteichen nach Groß-Rosen gab. Der SS-Mann sah die Nummer und den roten Winkel. Roter Winkel bedeutete deutscher politischer Häftling. Einen Deutschen zu erschießen, kann sogar einem SS-Mann Ärger bringen. Nur deshalb ließ er mich laufen. Es war ein Glück, daß er mich nicht nach meiner Nummer gefragt hatte, sondern danach, woher ich komme. Hätte ich ihm meine Nummer genannt, wäre ihm wahrscheinlich aufgefallen, daß sie mit der auf meiner Jacke nicht übereinstimmte. Hätte ich nicht in gutem Deutsch geantwortet, hätte er sicher nachgehakt, wie ich zu der Nummer eines deutschen, politischen Häftlings komme. Hätte er gewußt, daß ich Jude bin, hätte er mich sicherlich sofort erschossen.

Ende Februar 1945. Wir waren seit ungefähr einem Monat in Groß-Rosen. Ich konnte es selbst nicht verstehen, wie wir es geschafft hatten, eine Nacht um die andere in der kalten Halle zu überleben.

Seit kurzer Zeit hatte Schlameks Vater einen eiterigen Abszeß hinter seinem Ohr. Schlamek war sehr besorgt. Wir sprachen mit Dr. Sternberg, ob er ihm helfen könnte. Zwischen den vielen Menschen in der Halle und mit einfachen Instrumenten schnitt Doktor Sternberg den Abszeß auf.

Die Evakuierung des Konzentrationslagers Groß-Rosen hatte begonnen. Wieder mußten wir uns in Fünferreihen aufstellen. Kranke und Schwache blieben zurück. Wie ich später erfuhr, sind sie alle von der SS erschossen worden.

Wir mußten zum Bahnhof marschieren. Sie luden uns in offene Güterwaggons. Was machen sie jetzt mit uns? Ich glaube, jeder von uns dachte dasselbe – jetzt werden sie uns alle umbringen.

Schlamek und sein Vater kamen in einen anderen Waggon. Der Zug fuhr los. Es war so entsetzlich kalt in diesem offenen Waggon, daß wir es kaum aushielten.

Nach längerer Zeit hielt der Zug. Wir waren in Plauen. Der Zug wurde hier geteilt. Ein Teil fuhr nach Buchenwald, der andere wurde an einen weiteren Zug angehängt, der nach Leitmeritz fuhr. Während die Waggons umgehängt wurden, gingen Kapos entlang des Zuges auf und ab. Einer von ihnen war Helmut Gau, den wir aus Fünfteichen kannten. Ich lernte ihn bei Krupp kennen. Später wurde er erster Kapo der Häftlinge, die für die Organisation Speer arbeiteten. Er sah meinen Vater, stieg zu uns hoch und sagte leise: „Kommt raus, dieser Waggon fährt nach Buchenwald. Ich fahre nach Leitmeritz. Leitmeritz ist besser als Buchenwald. Wollt ihr nicht mit?"

Helmut Gau war es möglich, uns in einen anderen Waggon zu stecken. Ein deutscher Kapo konnte sich gefahrlos einiges gegenüber der SS erlauben. Ohne so recht zu wissen, was Leitmeritz für uns bedeuten würde, stimmten wir zu. Ich fragte Helmut Gau, ob wir auch Schlamek und seinen Vater mitnehmen könnten. Doch er hörte nicht zu. Er wollte nur meinen Vater, mich und die Brüder Ickowicz und Herrn Schächter mitnehmen. Wir gingen hinter ihm her und stiegen in einen Waggon, der nach Leitmeritz fuhr. Die Wachposten der SS kümmerten sich nicht um den Waggontausch. Der Zug fuhr weiter.

Am Bahnhof in Leitmeritz werden wir ausgeladen und müssen uns aufstellen. Die Wachmannschaft zieht Schwache, die nicht mehr richtig laufen können, aus unserer Reihe. Sie zwingen sie, sich mit dem Rücken zur Wand auf die Laderampe zu setzen. Sie sitzen nun in einer Reihe nebeneinander. Dann stellt sich ein SS-Mann neben den ersten Häftling und setzt seine Waffe an dessen Schläfe. Er will soviel Menschen wie möglich mit einem Schuß töten. Die Kugel durchschlägt mehrere Köpfe. Schafft er nur vier mit einem Schuß, so setzt er beim Fünften wieder an. Es sind etwa 25 Häftlinge, die er mit Spaß tötet. Wir müssen zusehen. Die Grausamkeiten hören nie auf. Ich muß die Augen schließen.

Vom Bahnhof marschieren wir zum Lager Leitmeritz. Es liegt nicht weit entfernt auf einer kleiner Anhöhe. Es ist kalt, und wir sind unendlich hungrig. Jeder Schritt nach vorn kostet Kraft. Auf dem gesamten Weg erschießen SS-Männer Menschen, die nicht mehr gehen können. Jetzt, wo die Deutschen sich vor den Russen zurückziehen, wo dieser Wahnsinn vielleicht bald ein Ende haben wird, sind unsere Körper ausgelaugt und halb tot. Ich möchte schreien und alles um mich herum zusammenschlagen, wenn ich daran denke, heute zu sterben. Vielleicht ist morgen der Krieg schon vorbei. Und ich wäre tot.

Es ist nicht der Tod, den ich fürchte, es ist der Zeitpunkt, der mich rasend macht vor Wut. Nach allem, was mein Körper und meine Seele durchgestanden haben, können sie mich doch nicht so kurz vor Schluß umbringen.

Wir sind vor dem Tor des Lagers angekommen. Die SS läßt nicht alle Häftlinge hinein. Vor dem Tor treffen sie nochmal eine Auslese. Ich bin so mit meinem Körper beschäftigt, daß ich nicht wahrnehme, daß sie mich und meinen Vater ins Lager lassen. Diejenigen, die draußen bleiben müssen, töten sie sofort. Genickschuß.

Leitmeritz

Das Lager Leitmeritz war das größte Außenlager des Konzentrationslagers Flossenbürg und lag neben Theresienstadt. Auf dem umzäunten Gelände gab es neben den gewöhnlichen Holzbaracken einige übergroße ehemalige Pferdeställe. Hier wurden wir untergebracht. Schon wieder fünfstöckige, mit Stroh gefüllte Kojen, schon wieder ein überfülltes Lager, schon wieder hungernde, geschundene Körper.

Wir bekommen eine neue Häftlingsnummer. Es ist meine dritte. Doch dieses Mal wird sie uns weder tätowiert noch auf unsere Jakken genäht. Wir müssen sie auswendig lernen. Was ist los mit ihnen? Läßt das Organisationstalent der SS zu wünschen übrig?

Nachts wechseln wir fünf uns mit dem Schlafen ab. Einer von uns hält Wache, denn es ist zu gefährlich, einfach einzuschlafen. Die Körper sind auf der Jagd nach etwas Eßbarem. Sie sind zu allem fähig. Ihr Verstand ist untergetaucht, und sie sind nur noch sterbende Sehnen, Muskeln und Eingeweide. Es kommt mir vor, als wehre sich ihr Leib, als setze er den Verstand ganz gezielt außer Kraft, um an Nahrung zu kommen – um zu leben. Doch es reicht nicht aus. Es sterben so viele in Leitmeritz.

Mein Körper ist noch nicht so weit. Ich bete, daß ich sterbe, bevor mich mein Fleisch regiert. Mein Vater und ich beten in Leitmeritz wieder öfter. Es ist das Einzige, was wir noch für uns haben.

Die Verhältnisse waren katastrophal. Überall im Lager sah man Muselmänner umherirren. Muselmänner nannte man die Menschen, die bis zum Skelett abgemagert waren. Sie wirkten apathisch und gleichgültig. Sie waren so schwach, daß sämtliche Reaktionen und Prozesse im Körper verlangsamt waren. Sogar Schmerzen empfanden sie langsamer oder überhaupt nicht mehr.

In den nächsten Tagen entdeckte uns Helmut Gau in dem großen Stall. Ich fühlte, wie entsetzt er war, als er uns sah. Hatten wir uns in den wenigen Tagen, die seit unserer Begegnung im Zug vergangen waren, so sehr verändert? Ich musterte meinen Vater und verstand Helmut Gau. Erst jetzt nahm ich wahr, wie dünn, grau und leer das Gesicht meines Vaters geworden war.

„Kommt, ich kann euch in einem anderen Block unterbringen", sagte Helmut Gau. Wieder vertrauten ihm mein Vater und ich, die Brüder Ickowicz und Schächter. Er ging mit uns zum Lagerältesten, den er aus einem früheren Lager, in dem er inhaftiert war, kannte. Wir hatten Glück. Er hatte keine Einwände dagegen, daß wir in dem Block der Musiker untergebracht werden.

Unter den Musikern waren Mitglieder des Orchesters der Warschauer Oper. Wie in vielen anderen Konzentrationslagern mußte auch in Leitmeritz ein Orchester zu den täglichen Grausamkeiten klassische Musik oder Märsche spielen. Außer einem jüdischen Uhrmacher waren nur polnische Häftlinge im Block. Sie waren nicht begeistert, ihre Baracke von nun an mit uns zu teilen. Doch sie wußten, daß Helmut Gau hinter uns stand und sie besser nichts gegen uns unternehmen sollten.

Gemessen an den höllischen Verhältnissen in den Ställen, lebten wir in dem kleinen Musikerblock wieder menschlicher. Es war überschaubar, leiser und, was am wichtigsten war, man mußte hier nachts keine Angst davor haben, erschlagen zu werden. Nur der Hunger zermürbte den Körper genau wie bisher.

Wenn ich zurückdenke, kann ich mir nicht mehr vorstellen, wie ich das unerträgliche Hungergefühl ertragen konnte, das mit jedem Tag quälender wurde.

Das Nebenlager Leitmeritz gliederte sich in mehrere Arbeitskommandos, die unter Tarnbezeichnungen geführt wurden. Die Häftlinge arbeiteten in unterirdischen Stollen. Ein Arbeitskommando war ausschließlich für den Bau der Stollen eingesetzt worden. Tatsächlich wurden zwei Stollen gebaut, Richard I und II. Richard III war in der Planung. Nur im Stollen Richard I wurde produziert. In diesem Stollen arbeiteten mein Vater und ich.

Dort mußten die Häftlinge Panzermotoren zusammensetzen. Die benötigten Teile wurden in kleinen Loren ins Bergwerk gefahren. Sie teilten mich als Lokführer für eine solche Lore ein. Eigentlich war es eine leichte Arbeit, doch ich war abgemagert und ohne Kraft. Jede Bewegung kostete Überwindung.

Mein Vater arbeitete beim Zusammenbau der Panzermotoren. Nur mit übermenschlicher Anstrengung hielt er den ersten Tag im Stollen durch. Wir beide wußten, daß er am nächsten Morgen nicht mehr arbeiten konnte.

Der Einzige, der uns helfen kann, ist Helmut Gau. Im Lager suche ich verzweifelt nach ihm. Den Gedanken, daß mein Vater den morgigen Tag nicht durchstehen wird, kann ich nicht ertragen. Als ich Helmut Gau endlich finde, bin ich völlig aufgelöst und fange an zu weinen. Ich flehe ihn an, uns noch einmal zu helfen.

Er hilft uns. Er organisiert es, daß mein Vater von nun an zum Stubendienst bei dem Blockältesten Werner Krüger eingeteilt wird. Krüger war in Fünfteichen zweiter Lagerältester.

Wir waren bereits einige Tage in Leitmeritz, als ein Transport aus Blechhammer, einem schlesischen Lager, ankam. Der Bruder von Herrn Schächter war mitgekommen. Keiner von beiden rechnete mehr damit, den anderen jemals wiederzusehen. Sie waren außer sich vor Freude. Der Bruder hinkte bereits, denn ein Abszeß an seinem Fuß begann stark zu eitern. Er meldete sich im Krankenrevier. Wir sahen ihn nie wieder. Herr Schächter fragte im Revier nach, doch sie gaben ihm keine Auskunft. Schächter war verzweifelt. Es gelang uns nicht, ihn zu trösten.

Anfang April 1945. Wir hörten jetzt öfter Artilleriefeuer. Jeden Tag schien es näher zu kommen. Es trafen jetzt weniger Transporte ein. Die russische Front rückte näher.

Fast alle Häftlinge, die noch klar denken konnten, waren in einer euphorischen Stimmung, wenn wir von der nahenden Freiheit sprachen. Die Muselmänner konnten wir mit dieser Nachricht nicht mehr erreichen.

In mir geht es auf und ab, sobald ich wieder an das Leben in Freiheit denke. Ja, in manchen Momenten habe ich sogar Angst davor. Es gibt nichts, was ich mir sehnlicher wünsche, und doch fürchte ich mich davor.

Ich sehne mich sehr nach meiner Mutter. Lebt sie noch? Ich will sie in die Arme nehmen und trösten. Ich denke an meine Schwester und meinen Bruder. Wie wird es sein, wenn wir uns wiedersehen? Wer sind wir geworden, nachdem uns die Nazis in den Abgrund des Menschlichen führten? Wie wird es sein, wenn meine Mutter und Meta wahrnehmen, wie wir aussehen? Wie werden ihre Gesichter sich verändert haben? Wie verletzt wird ihr Körper sein und wie verletzt ihre Seele?

Ich habe Angst davor, daß mir jemand sagt, daß sie tot sind.

Die SS-Männer wurden nervöser und gleichzeitig freundlicher zu uns. Wie aufgeschreckte Hühner liefen sie zum Radio, um die neuesten Meldungen zu verfolgen. Ein paar Häftlinge versuchten, sich in der Nähe aufzuhalten, um einige Brocken aus dem Radio aufzuschnappen. Auch die Kapos wurden nervöser. Sie biederten sich an, und einige unter ihnen betonten ständig, wie gut sie doch zu uns Häftlingen gewesen waren. Die SS hätte von ihnen ein viel härteres Vorgehen gefordert. Noch war es besser, den Kapos nicht zu widersprechen.

Wie seit Wochen fuhr ich morgens mit der Lore in den Berg. Der deutsche Vorarbeiter sagte, wir sollten die Rotgußlager der Loren ausbauen. Erst verstand ich nicht, was sie vorhatten. Ohne Lager konnten wir die Loren nicht benutzen und keine Panzermotoren mehr zusammenbauen. Es konnte nur bedeuten, daß wir das Bergwerk für den Feind vorbereiten mußten. Es sollte nichts mehr funktionieren, wenn die Russen kommen.

Dies war der letzte Tag, an dem alle Kommandos zur Arbeit gingen. Wir Häftlinge hatten nun die Gewißheit, daß der Krieg zu Ende gehen und das Lager aufgelöst würde. Mit der Gewißheit, daß die Nazis besiegt werden, stieg aber auch die Ungewißheit: Werden sie alle Spuren verwischen wollen? Werden sie uns jetzt ermorden?

Dann geschah etwas Verwunderliches. Die SS ernannte unter den deutschen Kapos Hilfs-SS-Männer. Sie bekamen eine schwarze Uniform und Gewehre, jedoch ohne einen Schuß Munition. Sie wurden nicht dazu gezwungen, die schwarze Uniform zu tragen. Sie spielten tagsüber freiwillig Hilfs-SS. Die Klügeren der Kapos meldeten sich nicht. Sie wollten nicht noch in den letzten Tagen des Krieges als SS-Angehörige sterben.

Auch wir wurden nervöser. Es kursierte das Gerücht, daß die Nazis alle Häftlinge in die Stollen treiben, den Eingang zumauern und das gesamte Bergwerk sprengen würden. Ständig diskutierten wir, ob sie es tun würden oder nicht.

Nachts kann ich nicht mehr schlafen. Wieder quält mich der Gedanke, gerade jetzt, wo die Russen so nah sind, von den Nazis getötet zu werden. Nach Auschwitz, nach Fünfteichen, nach Groß-Rosen soll das das Ende für mich und Vater sein? Die Freiheit scheint so greifbar nah. Ich kann dieses Schicksal so kurz vor Schluß nicht ohnmächtig annehmen. In Gedanken trete, schlage und brülle ich, als wolle ich mich gegen alles und jeden auf dieser Welt wehren, selbst gegen „Ihn".

Dann kam der Befehl: Alle Juden müssen sich sammeln. Ich hatte keinen Zweifel daran, daß sie uns nun töten. Im Lager bestand keine Organisation und keine Kontrolle der Häftlinge mehr. Es herrschte totales Chaos. Die Brüder Ickowicz, Herr Schächter, mein Vater und ich waren uns einig, daß wir nicht freiwillig zum Sammelplatz gehen. Wir versuchten im Musikerblock bei den Polen zu bleiben und uns ruhig zu verhalten. Die Polen würden uns nicht verraten, denn sie waren zu sehr mit ihrem eigenen Schicksal beschäftigt. Wir interessierten sie nicht. Die SS und die Kapos suchten keine einzelnen Häftlinge mehr. Alle Juden des Lagers stellten sich auf. Bewacht von der SS und der schwarzen Hilfs-SS verließen sie das Konzentrationslager Leitmeritz.

Als sie weg sind, mischen wir uns unter die im Lager verbliebenen Häftlinge. Voller Angst warten wir, was geschehen wird. Abends treffen wir den Blockältesten Werner, der inzwischen auch die schwarze SS-Uniform trägt. Er gehört zu der Wachmannschaft, die heute die jüdischen Häftlinge aus dem Lager führte. Aufgeregt erzählt er uns, daß sie die Juden nach Theresienstadt brachten. Es sind nur drei Kilometer Fußmarsch dorthin. Als sie an das Tor kamen, standen Frauen und Kinder an den Seiten und gaben den Häftlingen Essen und Trinken. „Es war dumm von euch, hier zu bleiben", wirft er uns vor.

Mein Vater und die anderen waren verzweifelt, als sie die Nachricht hörten. „Wären wir doch nur mitgegangen", jammerte Schächter. Ich hörte gar nicht mehr zu.

Kinder und Frauen! Kinder und Frauen! Ich wiederhole es in Gedanken immer wieder. Wie lange habe ich kein Kindergesicht gesehen, keine Kinderstimmen gehört! Wie lange habe ich keine Frauen gesehen, ihren Duft wahrgenommen, lange Haare gesehen! Wie lange habe ich keine zarte Haut mehr berührt. Ich kann nicht aufhören, diese drei Worte aneinanderzureihen – Kinder und Frauen! Mir ist schwindlig. Ich glaube, ich bekomme Fieber.

„Ich habe noch ein halbes Zwanzigdollarstück aus Gold, damit können wir den Lagerschreiber bestechen, damit er uns nach Theresienstadt bringt!", schlug der ältere der Ickowicz-Brüder vor. Woher er dieses Goldstück nahm, wußte keiner von uns, es wollte auch keiner wissen.

Wir müssen vorsichtig sein! Alles können wir nicht anbieten. Wir wissen nicht, ob wir in Theresienstadt noch etwas brauchen. Und vor allem: Wenn der Schreiber will, nimmt er das Goldstück ohne Gegenleistung. „Nein, wir werden es nochmal teilen", argumentierte mein Vater. Dann ging Vater mit einem Viertel zum Lagerschreiber, einem Polen, und legte es auf den Tisch.

„Ich bin Jude. Außer mir sind noch weitere Juden im Lager geblieben. Kannst Du uns helfen, nach Theresienstadt zu kommen?"

„Es gehen noch zwei Transporte weg. Einer nach Theresienstadt, was dann noch übrig bleibt, geht nach Buchenwald. Ich sorge dafür, daß ihr nach Theresienstadt kommt", antwortete der Pole und steckte das Viertel des Goldstücks in seine Hosentasche.

Etwa 100 Häftlinge standen auf der Transportliste nach Theresienstadt. Außer uns noch vier weitere Juden. Alle anderen waren russische, polnische und deutsche politische Häftlinge. Bewacht gingen wir zu Fuß in das nahe Theresienstadt.

Befreiung in Theresienstadt

Ich erlebe meine Umwelt wie durch einen Nebel. Ich spüre nur den Arm meines Vaters, der mich stützt und weiter zieht.

Der Marsch nach Theresienstadt dauert nicht lange. Als wir angekommen sind und mein Vater die jüdischen Kinder und Frauen sieht, fällt er in sich zusammen. „Es gibt noch jüdische Kinder und Frauen", denke ich.

An der Rampe in Auschwitz sah ich zuletzt jüdische Kinder. Danach vermied ich es an sie zu denken. Es schmerzte zu sehr. Vater fängt an zu weinen. Seine Tränen fließen, wie aus einer nicht versiegenden Quelle. Während der Zeit in den Lagern hat er sie gesammelt und aufbewahrt. Das Überleben stand an erster Stelle. Ich weiß, daß es mein Überleben war, das für ihn an erster Stelle stand. Ohne das Gefühl, mir helfen und beistehen zu müssen, hätte er sicher den Überlebenskampf aufgegeben. Wir brauchten uns gegenseitig so sehr.

Die Hilfs-SS-Männer kehrten nach Leitmeritz zurück. Als wir durchs Tor gingen, fühlte ich, daß es vorbei war. Die SS-Uniformen waren verschwunden. Ich sah nur noch tschechische Polizisten. Jüdische Verantwortliche führten uns in die Hamburger Kaserne, ein abgeriegeltes Gebäude innerhalb Theresienstadts. Auf dem Weg dorthin drängten sich Frauen und Kinder um uns. Zuerst durften wir die Kaserne nicht verlassen, da wir in Quarantäne waren.

War es Wirklichkeit oder ein Traum, aus dem uns die Nazis sofort wieder erwachen ließen? In Theresienstadt standen richtige gemauerte Häuser. In der Hamburger Kaserne durften mein Vater, die Brüder Ickowicz, Herr Schächter und ich in einem Zimmer nur für uns und in richtigen Betten schlafen. Kein Körper neben, über oder unter einem.

Jüdische Frauen brachten uns wenig, aber gutes Essen. Sie erzählten uns von Theresienstadt und daß der Krieg bald vorbei sei. Wann hatte ich mich das letzte Mal mit einer Frau unterhalten?

Ist es wirklich vorbei? Müssen wir keine Todesangst mehr vor den Deutschen haben? Ich traue mich nicht, es vollkommen zu glauben. Wenn ich träumte, von den Armeen der anderen Länder befreit zu werden, dachte ich, es würde ein Freudenfeuerwerk in mir ausbrechen. Ich tanzte, sang, hüpfte und freute mich wie ein Kind. Nun bin ich frei. Doch es ist nicht so, wie ich es mir in meinen Gedanken ausgemalt hatte. Es ist anders. Natürlich bin ich glücklich über unsere Befreiung, natürlich bin ich unseren Rettern dankbar. Doch der Freude über unsere Freiheit stehen meine Ängste und meine unendliche Trauer gegenüber. Ich weiß, daß ich mich selbst nur sehr langsam befreien kann. Ich brauche Zeit. Vielleicht ein Leben lang.

Ich blicke aus dem Fenster im dritten Stock der Kaserne. Ein Güterzug fährt langsam vorbei und hält vor dem Tor von Theresienstadt. In offenen Viehwagen liegen tote Menschen. Sie haben Häftlingskleidung an. Aus wenigen Waggons sehe ich einzelne Lebende winken. Dieses Bild läßt mich nicht mehr los.

Ein einzelner SS-Mann begleitet den Zug. Tschechische Polizisten nehmen ihn zwischen sich und führen ihn ab. Es ist vorbei.

Das Fieber ist so hoch, daß ich bewußtlos werde. Ich habe Typhus. Nach etwa drei Tagen erwache ich. Im ersten Augenblick dachte ich, ich sei gestorben und ich befände mich im Himmel. Vor mir sitzt eine Frau in Uniform. Als ich genau hinsehe, erkenne ich, daß sie eine russische Uniform trägt. Mir fällt ihr riesiger Busen auf. Sie spricht mich auf Jiddisch an. „Die Milchome hot geendigt, brojchst nit kejn Mojre mer hobn. (Der Krieg ist zu Ende, Du brauchst keine Angst mehr zu haben.)"

Otto Schwerdt 1946

In den ersten Tagen des Mai 1945 wurde Theresienstadt befreit. Immer wieder fuhren russische Panzer an der Hamburger Kaserne vorbei. Die Soldaten warfen den Menschen Lebensmittel zu. Mein Vater erkannte die Gefahr. Er verbot uns, auf die Straße zu laufen, um auch Lebensmittel zu bekommen. Er überzeugte uns, daß es gefährlich wäre, sofort alles zu essen, was die Russen uns gaben. Wir mußten unseren Magen langsam wieder ans Essen gewöhnen. Nicht nur die Menge sei gefährlich, sondern auch das Fett in der Nahrung, das unser Körper nicht mehr vertragen würde. Er hatte recht. Am nächsten Morgen sahen wir am Eingang der Kaserne Leichen mit aufgedunsenen Bäuchen, in einer Hand ein Stück Speck, in der anderen Würfelzucker.

Nach etwa zwei Wochen in Theresienstadt brachte das Internationale Rote Kreuz Vater und mich nach Kattowitz.

Danach

Nach dem Krieg ließ sich mein Vater in Regensburg nieder. Er heiratete Rachela Siegel. Mit ihr bekam er eine Tochter, meine Schwester Cilly Schwerdt. Mein Vater starb 1955.

Schlamek Metz und sein Vater überlebten. Als damals der Zug in Plauen geteilt wurde, waren sie in den Waggons, die nach Buchenwald fuhren. Dort wurden sie befreit. Wir begegneten uns nach dem Krieg in Regensburg. Von da an waren wir wieder unzertrennlich. Zusammen mit Schlamek holte ich das Abitur nach. Anschließend studierten wir zwei Semester Chemie an der Theologisch-Philosophischen Hochschule Regensburg. 1948 gingen wir beide nach Israel. Während des Unabhängigkeitskrieges dienten wir in der Armee des jungen Staates. Mein Freund Schlamek fiel im Jahre 1948 bei Feludia in Israel.

In Israel heiratete ich meine Frau Gela. 1949 wurde meine Tochter Eti geboren, 1952 mein Sohn Roni. Als mein Vater 1954 an Krebs erkrankte, kehrte ich mit meiner Familie nach Regensburg zurück. 1957 wurde meine Tochter Mascha geboren. Heute lebe ich mit meiner Frau in Regensburg.

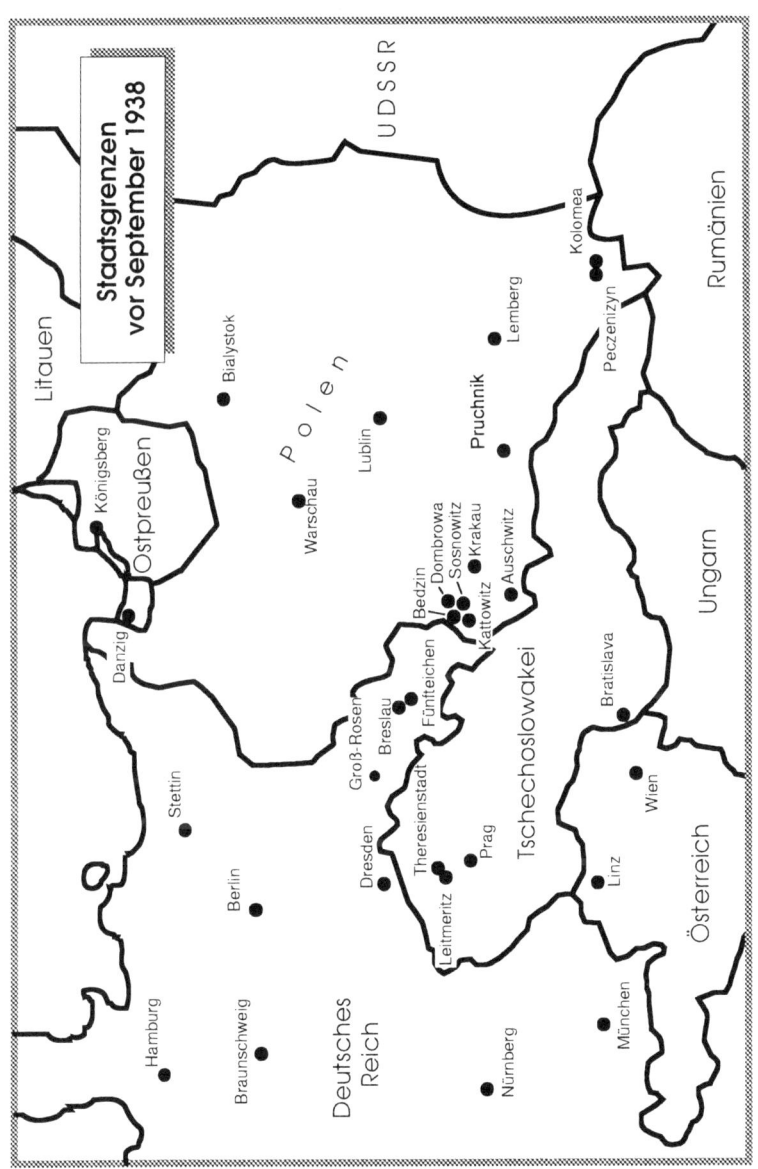

Inhalt

Vorwort von Eberhard Dünninger	7
Keine Erde wie anderswo	9
Hallel und Madame Butterfly	13
Angst und Hoffnung	27
Leben in der Finsternis	46
Hinter uns liegt roter Schnee	88

Otto Schwerdt, geboren 1923 in Braunschweig; 1936 zieht die Familie nach Polen. Im August 1943 Deportation ins Konzentrationslager Auschwitz-Birkenau, im Oktober 1943 Transport ins KZ Fünfteichen, Befreiung im Mai 1945 in Theresienstadt.
Nach dem Krieg Abitur in Weiden, zwei Semester Studium an der Theologisch-Philosophischen Hochschule in Regensburg. Ab 1948 Soldat in der israelischen Armee während des Unabhängigkeitskrieges. 1949 Heirat mit Gela Schwerdt in Israel, Geburt der Tochter Eti und des Sohnes Roni. 1954 Rückkehr nach Regensburg, wo Schwerdt als Kaufmann tätig war. 1957 Geburt der Tochter Mascha.
Otto Schwerdt ist Mitglied des Vorstandes der Jüdischen Gemeinde Regensburg und Landesausschußvorsitzender der Israelitischen Kultusgemeinden in Bayern.

Mascha Schwerdt-Schneller, 1957 in Regensburg geboren. Studium der Betriebswirtschaft; wohnt mit ihrer Familie in Radolfzell am Bodensee.

lichtung verlag Viechtach

SPURENSUCHE

Mark Stern / Isabel Alcoff, Rückkehr nach Flossenbürg. Erinnerungen eines Überlebenden des Holocaust. Aus dem Amerikanischen von Eva Bauernfeind, 95 S., 23,80 DM

,,Mark Sterns Bericht gehört in die Hand der jungen Generation, weil er eindrücklicher als viele Geschichtsbücher Zeugnis gibt vom Auftrag der Opfer für unsere eigene Zukunft."
BAYERISCHER RUNDFUNK

Peter Heigl, Rundgang durch das KZ Flossenbürg, Gedenkstättenführer, 28 S., 9 DM

REISE-LESEBÜCHER

Peter Becher / Hubert Ettl (Hrsg.), Böhmen. Blick über die Grenze,
180 S., 100 S/W-Fotos 39,80 DM

,,Was die Bilder versprechen – labyrinthische Zugänge zur Geschichte und Gegenwart Böhmens –, das halten die sorgfältig ineinander komponierten Texte".
FRANKFURTER ALLGEMEINE ZEITUNG

Hubert Ettl (Hrsg.), Bayerischer Wald,
180 S., 92 S/W-Fotos, 39,80 DM

,,Eine querdenkerische Bayerwald-Anthologie..."
SÜDDEUTSCHE ZEITUNG

Hubert Ettl / Harald Grill (Hrsg.), Oberpfalz,
180 S., 93 S/W-Fotos, 39,80 DM

,,Ein Band also, der nicht plump lobhudelt, sondern Facetten herausarbeitet."
DIE ZEIT

Hubert Ettl (Hrsg.), Niederbayern,
180 S., 90 S/W-Fotos, 39,80 DM

,,Jetzt hat Niederbayern das Buch bekommen, das es verdient."
FRANKFURTER ALLGEMEINE ZEITUNG

GEDICHTBÄNDE

Friedrich Brandl, Meine Finga in deina Rindn,
64 S., 17,80 DM
"alles andere als gemütliche Heimatpoesie"
PASSAUER NEUE PRESSE

Walter Flemmer, Sonnasommaflirrn,
64 S., 17,80 DM
Im Mittelpunkt dieses Bandes des Münchner Autors stehen bairische Natur- und Liebesgedichte.

Harald Grill, Hinüber, Illustrationen MAYAN,
64 S., 17,80 DM
"poetische Bilder von visionärer Wucht"
BAYERISCHE STAATSZEITUNG

Margret Hölle, Blöiht a Dornbusch, Zeichnungen Erich Hölle, 64 S., 17,80 DM
"Die bedeutsamste Neuerscheinung altbayerischer Mundartdichtung in diesem Jahr"
CHARIVARI

Matthias Kneip, In meiner Faust den Tag,
64 S., 17,80 DM. Erscheint im Frühjahr 1998.

Karl Krieg, Heazzbluadblodan,
64 S., 17,80 DM
"Ein ungewöhnlich schöner Band abseits aller Massenlyrik"
EMPFEHLUNGSLISTE ST. MICHAELSBUND

Wolf Peter Schnetz, Ezzlollianlollono,
64 S., 17,80
"entwirft mit seinen urkomischen Lautgedichten fränkische Innenansichten aus der Perspektive des Außenseiters"
NÜRNBERGER NACHRICHTEN

Andreas Vollstädt, So giftig grün als wie Absinth. Struwwelpeteriaden, 64 S., 17,80 DM. Erscheint im Frühjahr 1998.

lichtung verlag Viechtach